PATRICK ROSENTHAL

COOKING for Christmas

Filmreife Rezeptideen
aus den beliebtesten
Weihnachts-Movies

riva

Inhalt

Kulinarischer Weihnachtszauber

REZEPTE AUS DEINEN LIEBLINGSWEIHNACHTSFILMEN

Stellt euch vor, ihr kuschelt euch in eine warme Decke eingehüllt auf der Couch, der Schein des Kerzenlichts tanzt an den Wänden, und im Fernsehen laufen eure Lieblingsweihnachtsfilme. Von humorvoll und herzerwärmend bis hin zu süß und sentimental – aber was wäre ein perfekter Filmabend ohne die passenden kulinarischen Genüsse, die die Weihnachtsstimmung nicht nur auf dem Bildschirm, sondern auch auf eurem Teller zum Leben erwecken?

In diesem Kochbuch nehme ich euch mit auf eine unwiderstehliche Reise durch die Welt der Weihnachtsfilmklassiker. Von einem heißen Becher »New York Chocolate« bis hin zur berüchtigten blauen Suppe à la Bridget Jones – hier findet ihr die Rezepte, die euch nicht nur das Wasser im Munde zusammenlaufen lassen, sondern auch eure Herzen höherschlagen lassen.

Jedes Rezept in diesem Buch ist von ikonischen Weihnachtsfilmen inspiriert und mit einer Prise Liebe sowie einer guten Dosis Nostalgie gewürzt.

Bereitet Clarks katastrophalen Truthahn aus *Schöne Bescherung* zu und erlebt selbst, wie viel Spaß das bringen kann, wenn die Zubereitung bei euch nicht schiefgeht!

Oder wie wäre es mit einem Stück magischem Weihnachtskuchen aus *Der Polarexpress*, um die Wartezeit bis zur Bescherung zu verkürzen?

Ich lade euch ein, diese Rezepte als Brücke in die Welt eurer liebsten Weihnachtsfilme zu nutzen. Lasst uns zusammen kochen und backen, lachen und vielleicht auch ein bisschen kleckern, während wir die Magie dieser wunderbaren Zeit auf unseren Tellern zum Leben erwecken. Nehmt einen Bissen, lehnt euch zurück und genießt den Geschmack der Weihnacht – jeder Löffel ist ein Stück Kino!

Mit viel vorweihnachtlicher Liebe und einer Extraportion Pfefferminzsirup für die Extraportion Festlichkeit,

Patrick

Magische
NOSTALGIE-FILME

Ist das Leben nicht schön?
(1946)

Die Geschichte von George Bailey, der die Bedeutung seines Lebens erkennt, berührt mich jedes Mal aufs Neue und erinnert mich daran, wie wichtig Hoffnung, Familie und das kleine Glück im Leben sind. Dieser Film ist ein zeitloser Klassiker, der die Essenz dessen einfängt, was es bedeutet, menschlich zu sein.

In dem Film *Ist das Leben nicht schön?* führt Mr. Gower eine Apotheke in der kleinen Stadt Bedford Falls, wo die Hauptfigur, George Bailey, lebt. Mr. Gower spielt eine bedeutende Rolle in einer Schlüsselszene des Films, die den Charakter von George und die Auswirkungen seiner Taten verdeutlicht.

Eine der frühesten und einprägsamsten Szenen zeigt George Bailey, der als Junge in Mr. Gowers Apotheke arbeitet. Eines Tages bemerkt George, dass Mr. Gower aus Versehen ein gefährliches Medikament mischt, und verhindert so eine Tragödie. Diese Szene zeigt Georges Mitgefühl und seinen Mut.

Gowers Schokoladeneis

Zusätzlich zu Medikamenten verkauft Mr. Gower auch Gesundheitsprodukte, Pflegeartikel und Süßigkeiten. In einer herzlichen Szene bietet der kleine George seiner Freundin Violet ein großes Schokoladeneis mit Kokosnuss an – ein Leckerbissen, den ihr unbedingt probieren müsst.

FÜR CA. 400 ML

- 100 ml Milch
- 50 g Zartbitterschokolade
- 50 g Vollmilchschokolade
- 200 g Sahne
- 1 TL Puderzucker
- 20 g Kokosraspeln

1. Milch erwärmen. Schokolade hacken und unter die Milch rühren, bis die Schokolade geschmolzen ist, dann auskühlen lassen. Sahne mit Puderzucker halbsteif schlagen und unter die Sahne heben. Masse in eine Eismaschine füllen und gefrieren lassen.
2. Wer keine Eismaschine hat, kann die Masse einfrieren. In den ersten 2 Stunden jede halbe Stunde umrühren und dann vollständig gefrieren lassen.
3. Kokosraspeln in einer Pfanne ohne Fettzugabe anrösten und vor dem Verzehr auf das Eis geben.

TIPP

Vor dem Einfrieren etwas Zimt und/oder Schokoladenstücke unter die Masse mischen.

Weihnachts-Pasta

»Martini's Bar« ist ein lokaler Treffpunkt, der in mehreren Schlüsselszenen des Films erscheint und am Weihnachtsabend eine ordentliche Portion Spaghetti anbietet.

Für euch habe ich eine große Portion Weihnachts-Pasta.

FÜR 2 PORTIONEN

- 2 süßliche Äpfel
- Saft einer Zitrone
- 1 TL Zucker
- ½ TL Zimt
- 1 rote Zwiebel
- 50 g Walnüsse
- 500 g Bandnudeln oder Spaghetti
- 2 Feigen
- 1 TL Speiseöl
- Salz
- Pfeffer aus der Mühle
- 250 ml trockener Weißwein
- 400 ml Sahne
- 100 g geriebener Gouda
- 100 g junger Blattspinat

1. Äpfel entkernen und in Spalten schneiden.
2. Apfelspalten mit Zitronensaft, Zucker und Zimt vermengen.
3. Zwiebel häuten und in Streifen schneiden.
4. Walnusskerne grob hacken und in einer Pfanne ohne Fettzugabe kurz anrösten.
5. Pasta nach Packungsanleitung kochen.
6. Feigen vierteln.
7. Öl in einem Topf erhitzen und die Zwiebelstreifen mit den Feigen und den Äpfeln andünsten.
8. Mit Salz und Pfeffer abschmecken und mit dem Weißwein ablöschen.
9. Sahne zugießen und den Käse hinzugeben.
10. Soße unter stetigem Rühren einmal aufkochen.
11. Zum Schluss die Pasta und den Spinat direkt in die Soße geben und alles gut durchschwenken.

Weiße Weihnachten
(1954)

In der glitzernden Welt des Showbusiness, wo die Lichter heller und die Melodien süßer sind, findet das Lied »White Christmas« seinen Anfang. Dieses musikalische Meisterwerk ist eine Zeitkapsel, die uns in eine Ära entführt, in der Eleganz und Kameradschaft Hand in Hand gingen. Die Geschichte von zwei Showbusiness-Freunden, die sich zusammenschließen, um einem verehrten ehemaligen Armeekommandanten in seiner Stunde der Not beizustehen, berührt bis heute unzählige Herzen. Es ist eine Erzählung von Loyalität, Liebe und dem unerschütterlichen Geist der Weihnachtszeit, eingefangen in unvergesslichen Liedern und Tanznummern, die die Essenz der Feiertage wiedergeben.

Glasierter Schinken aus dem Gasthaus in Vermont

Zur Zeit der Entstehung des Films wurden traditionelle Weihnachtsgerichte serviert – wie ein glasierter Schinken.

FÜR 6 PORTIONEN

- 3,5 kg Schinken (gepökelter Schweineschinkenbraten)
- 115 g Butter
- 200 g brauner Zucker
- 60 ml Honig
- 60 ml Apfelwein
- ½ TL Zimt
- 1 Prise Muskatnuss
- Cranberrys und Kräuter zum Garnieren (optional)

1. Backofen auf 160 °C Ober-/Unterhitze vorheizen. Eine Backform etwas einfetten.
2. Butter, braunen Zucker, Honig, Apfelwein, Zimt und Muskatnuss in einen Topf geben, unter Rühren zum Köcheln bringen und 5–7 Minuten kochen lassen, bis die Masse sirupartig wird.
3. Den Schinken in die Form legen, Haut rautenförmig einschneiden und die Hälfte der Glasur darübergießen. Den Schinken mit Alufolie abdecken. Die restliche Glasur für später aufbewahren.
4. Den Schinken 2 ½ Stunden im Ofen backen. Danach Alufolie abnehmen.

5. Die restliche Glasur über den Schinken gießen. Falls die Glasur fest geworden ist, nochmals erwärmen.
6. Ofentemperatur auf 200 °C erhöhen.
7. Den Schinken unbedeckt wieder in den Ofen geben. Weitere 15–20 Minuten backen oder bis die Glasur karamellisiert und gebräunt ist.
8. Schinken auf eine Servierplatte geben und nach Belieben mit frischen Kräutern und Cranberrys garnieren.
9. Den Bratensaft über den Schinken träufeln.
10. Schinken in Scheiben schneiden und servieren.
11. Dazu passen grüne Bohnen, Erbsen, Cranberry-Soße (siehe Seite 154) und/oder Kartoffelpüree.

TIPP

Anstelle von 60 ml Honig eine Mischung aus 30 ml Honig und 30 ml Ahornsirup rühren.

Weihnachten bei Hoppenstedts
(1978)

Weihnachten bei Hoppenstedts von Loriot ist für mich ein unverzichtbarer Teil der Feiertage, weil der Fernsehfilm mit feinsinnigem Humor und einer liebevollen Beobachtung des familiären Miteinanders in der Weihnachtszeit begeistert. Die skurrilen Charaktere und die zeitlosen Missgeschicke bringen mich jedes Jahr aufs Neue zum Lachen.

Opa Hoppenstedts Lieblingsstollen

Ein traditioneller Stollen, zubereitet nach einem alten Familienrezept.

FÜR 2 STOLLEN

- 300 g Rosinen
- 1 TL Bio-Zitronenschale
- 100 g Orangeat
- 100 g Zitronat
- 125 ml Rum
- 100 g gemahlene Mandeln
- 150 ml Milch
- 1 Würfel frische Hefe
- 100 g Zucker
- 850 g Mehl
- 200 g Butter
- 2 Eier
- 2 Pck. Vanillezucker
- 1 Prise Salz
- 1 TL Zimt
- ½ TL Kardamom
- ½ TL Muskat

ZUM BESTREICHEN

- 5 EL Rum
- 75 g Butter
- 150 g Puderzucker

1. Rosinen, Zitronenschale, Orangeat und Zitronat zusammen mit Rum und gemahlenen Mandeln vermengen und über Nacht durchziehen lassen.
2. Milch lauwarm erwärmen und Hefe darin zerbröseln, 1 EL Zucker zugeben und rühren, bis sich die Hefe vollständig aufgelöst hat.
3. Mehl in eine Schüssel sieben. Hefemilch zugießen und kurz verrühren, 15 Minuten ruhen lassen. Butter würfeln und zugeben.
4. Eier, restlichen Zucker, Vanillezucker und Salz zusammen mit den Gewürzen zugeben.
5. Alles mit den Knethaken des Rührgeräts auf höchster Stufe 10 Minuten kräftig durchkneten.
6. Zum Schluss die Früchte-Rum-Mandel-Mischung kurz unterkneten. Abgedeckt 30 Minuten an einem warmen Ort gehen lassen.
7. Teig nochmal kurz durchkneten, in zwei gleich große Teile aufteilen für zwei Stollen.
8. Teige zu länglichen Laiben formen. Mit der Teigrolle die Hälfte der Stollen über die lange Seite etwas flach rollen. Den dickeren Teil darüberschlagen und den Laib mit den Händen nochmal zurechtformen.
9. Backblech zuerst mit Backpapier, dann mit Alufolie auslegen. Beide Stollen darauflegen und zugedeckt nochmals 30 Minuten gehen lassen.
10. Backofen auf 200 °C Ober-/Unterhitze vorheizen. Stollen in den Ofen schieben, Hitze sofort auf 160 °C reduzieren und Stollen 45–50 Minuten backen. Sollten die Stollen zu dunkel werden, mit Alufolie abdecken.
11. Stollen aus den Ofen nehmen. Mit Rum einpinseln und 10 Minuten abkühlen lassen.
12. Butter schmelzen, die Stollen damit einpinseln und dick mit Puderzucker bestäuben.

Hoppenstedts Weincreme

In *Weihnachten bei Hoppenstedts* empfängt Frau Hoppenstedt einen Weinvertreter, der versucht, ihre Gunst für einige seiner Produkte zu gewinnen. Diese berühmte Szene ist ein Paradebeispiel für Loriots meisterhaftes Gespür für Komik und Gesellschaftssatire. Sie spielt mit den Konventionen bürgerlicher Höflichkeit und den oft absurd komischen Momenten, die entstehen, wenn diese mit geschäftlichen Interessen kollidieren.

Die Szene mit dem Weinvertreter hat mich zu einem Rezept inspiriert, das perfekt zu den humorvollen und geselligen Momenten der Weihnachtszeit passt: eine leckere Weincreme. Diese cremige Nachspeise ist eine elegante und köstliche Möglichkeit, die weihnachtliche Stimmung zu genießen, und erinnert an die feine Art des Weintrinkens, die in der Szene persifliert wird. Genießt diese Szene mit einem Glas leckerer Weincreme.

FÜR 4 PORTIONEN

- 350 ml Wasser
- 200 ml halbtrockener Weißwein
- 100 g + 2 TL Zucker
- 1 Pck. Vanillepuddingpulver zum Kochen
- 1 Ei
- 1 TL Vanilleextrakt
- 200 ml Sahne
- 50 g Schokoraspeln

1. Wasser und 150 ml Weißwein in einem Topf aufkochen.
2. Zucker, Puddingpulver, Ei und Vanilleextrakt mit dem restlichen Wein anrühren, unter Rühren in den Topf geben und aufkochen lassen.
3. Masse in eine große Schüssel geben und 2 TL Zucker darüber streuen, damit sich keine Haut bildet.
4. Nachdem die Masse abgekühlt ist, Sahne steif schlagen und unterheben.
5. Auf 4 Weingläser verteilen und mit Schokoraspeln garnieren.

Sissi (1955)

Obwohl *Sissi* traditionell kein Weihnachtsfilm ist, passen seine romantische Geschichte und die prachtvolle Darstellung der Kaiserin Elisabeth von Österreich für viele zur festlichen Stimmung der Feiertage. Die Eleganz und der Zauber der Liebe zwischen Sissi und Franz Joseph bringen eine Art festlichen Glanz – perfekt für die Weihnachtszeit.

Saumon à la Hollandaise

Die berühmte Kaiserin Elisabeth von Österreich, besser bekannt als Sissi, verbrachte Weihnachten auf unterschiedliche Weise, je nach Lebensphase und -umständen. Ihre Feiertagsaktivitäten spiegelten oft die Traditionen des Habsburger Hofes wider, waren jedoch auch von persönlichen Vorlieben und familiären Beziehungen geprägt. Sie achtete sehr darauf, schlank zu bleiben. Deshalb aß die Kaiserin gerne Fisch, der als leicht und gesund gilt. Im früheren »Grand Hotel Schweizerhof« soll sie gerne das Gericht »Saumon à la Hollandaise« gegessen haben.

FÜR 4 PORTIONEN

- 4 Lachsfilets à 150 g
- 1 EL Olivenöl
- 1 TL Meersalz
- Saft von ½ Zitrone
- 1 Thymianzweig

SAUCE HOLLANDAISE

- 3 Eigelb
- 1 EL Zitronensaft
- 1 TL Dijonsenf
- 200 g Butter
- ½ TL Weißweinessig
- Salz, Pfeffer

1. Backofen auf 180 °C Ober-/Unterhitze vorheizen.
2. Lachsfilets in eine ofenfeste Form legen, mit der Hautseite nach unten. Mit Olivenöl einreiben und mit ½ TL Salz würzen. Zitronensaft darüberträufeln und 1 Zweig Thymian darauflegen.
3. Lachs im Ofen 20 Minuten garen.
4. Für die Sauce Hollandaise Eigelbe in einen Rührbecher geben und mit Zitronensaft und Senf pürieren.
5. Butter schmelzen lassen und ganz kurz aufkochen lassen. Heiße Butter langsam unter Verwendung des Pürierstabs unter die Eimasse rühren.
6. Mit Salz, Pfeffer und Weißweinessig abschmecken.
7. Dazu passen kleine Kartoffeln und grüne Bohnen.

Väterchen Frost
Abenteuer im Zauberwald (1964)

Väterchen Frost entführt in eine zauberhafte Welt russischer Märchen, voller Abenteuer und mit einer starken Botschaft über Mut, Liebe und die Macht der Güte. Nastjas und Iwans Kampf gegen die böse Hexe Baba Jaga, unterstützt vom titelgebenden Väterchen Frost, ist eine Erinnerung daran, dass Gutes immer über das Böse siegt.

Okroschka

Die kalte russische Suppe ist ein perfekter Begleiter für die Abenteuer im Zauberwald.

FÜR 4 PORTIONEN

- 400 g festkochende Kartoffeln
- 4 Eier
- 2 Frühlingszwiebeln
- ½ Salatgurke
- 1 Bund Radieschen
- 1 Bund Schnittlauch
- 1 Bund Dill
- 3 EL Senf
- 250 g saure Sahne
- 1 l Kefir oder Buttermilch
- 1 TL Meerrettich
- Salz
- schwarzer Pfeffer
- 1 Schuss Essig
- 150 g Fleischwurst (optional)

1. Kartoffeln 20 Minuten in Salzwasser gar kochen, abgießen und abkühlen lassen.
2. Eier 10 Minuten hart kochen, abkühlen lassen, schälen und in Scheiben schneiden.
3. Frühlingszwiebeln waschen und in feine Ringe schneiden. Salatgurke in kleine Würfel schneiden. Radieschen in kleine Würfel schneiden. Schnittlauch und Dill waschen, trocken schütteln und fein schneiden.
4. Kartoffeln pellen und in Scheiben schneiden.
5. Senf, saure Sahne, Buttermilch und Meerrettich zu einer glatten Suppe rühren und mit Salz, Pfeffer und Essig abschmecken. Fleischwurst in Würfel schneiden.
6. Suppe auf 4 Teller verteilen und Kartoffeln, Eier, Radieschen, Gurke, Fleischwurst und Frühlingszwiebeln hineingeben. Mit Dill, Schnittlauch und einer Prise frisch gemahlenem Pfeffer garnieren.

Kutja

Kutja ist ein traditionelles Gericht, das zu Weihnachten serviert wird und aus Weizen, Mohn, Honig und Nüssen besteht. Obwohl es sich um ein süßes Gericht handelt und oft als Dessert betrachtet wird, wird Kutja zu Beginn des Weihnachtsessens gegessen. Es dient als erstes Gericht, um Wohlstand zu symbolisieren und um an verstorbene Familienmitglieder zu erinnern. Diese Tradition zeigt, wie wichtig die Verbindung zwischen Vergangenheit und Gegenwart in den Feierlichkeiten ist.

FÜR 4 PORTIONEN

- 250 g geschälter Weizen
- 1 TL Salz
- 150 g Walnüsse
- 120 ml Milch
- 200 g gemahlener Mohn
- 150 g Rosinen
- 200 g flüssiger Honig

1. Weizen waschen, in einen Topf geben, mit Wasser bedecken und über Nacht zugedeckt quellen lassen. Am nächsten Tag das Wasser abgießen und frisches Wasser in den Topf geben. Salz hinzufügen und den Weizen ca. 1 Stunde weich kochen, danach abseihen, kalt abspülen und abkühlen lassen.
2. Walnüsse hacken.
3. Milch erwärmen, Mohn, Rosinen und Honig zugeben und 20 Minuten quellen lassen.
4. Weizen mit der Milchmasse vermengen und Nüsse unterheben.

TIPP

Sehr lecker schmeckt Kutja auch mit unterschiedlichen Nusssorten und etwas Rum.

Rudolph mit der roten Nase
(1964)

Rudolph mit der roten Nase ist eine Geschichte, die mir jedes Jahr aufs Neue zeigt, wie wichtig es ist, Unterschiede zu akzeptieren und zu feiern. Rudolphs Reise, auf der er lernt, dass seine Einzigartigkeit seine Stärke ist, ist eine inspirierende Botschaft für alle – besonders in der Weihnachtszeit.

Rentierkekse

Natürlich dürfen beim Anschauen des Films meine Rentierkekse nicht fehlen. Der Grundteig? So flexibel, dass ihr nach Lust und Laune Formen ausstechen könnt. Mein Tipp: Nehmt einen Lebkuchenmann-Ausstecher, dreht ihn um und voilà – ein Rentier ist geboren! Ein bisschen Verzierung hier und da, und schon sind die Rentiere bereit für eure Plätzchendose.

FÜR 2 BACKBLECHE

- 130 g Butter, kalt
- 90 g Puderzucker
- 1 Ei
- 1–2 EL Zitronensaft, besser noch: Zitronenaroma
- 250 g Mehl

AUSSERDEM

- 200 g Vollmilchschokolade
- rote Schokolinsen
- Zuckeraugen

1. Butter mit dem Puderzucker verkneten.
2. Ei und Zitronensaft (oder Aroma) unterkneten, dann nach und nach das Mehl unterkneten.
3. Teig mindestens 2 Stunden kühlen.
4. Backofen auf 170 °C Ober-/Unterhitze vorheizen.
5. Teig auf einer bemehlten Arbeitsfläche 2 mm dick ausrollen und ausstechen. Auf einem mit Backpapier ausgelegten Backblech verteilen und im Ofen 10 Minuten backen.
6. Für die Verzierung die Schokolade schmelzen, in einen Spritzbeutel füllen und Geweih auf die Kekse spritzen. Um Zuckeraugen und Nase zu befestigen, etwas Schokolade aufspritzen, Schokolinsen und Zuckeraugen auflegen und fest werden lassen.

Karamell-Kaffee-Kakao

Ein cremiger, heißer Kakao mit einem Hauch von Kaffee, perfekt für neblige Nächte, in denen man den Weg nur mithilfe einer leuchtend roten Nase finden kann.

FÜR 4 PORTIONEN

- 1 l Kokosmilch oder Vollmilch
- 120 g Vollmilchschokolade, gehackt
- 25 g Kakaopulver
- 60 g Karamellsoße
- 120 ml Kaffee
- 1 EL Vanilleextrakt
- 1 Prise Salz
- 300 g Sahne
- Zimt oder Schokoladenraspeln (optional)

1. Milch, Schokolade, Kakaopulver, Karamellsoße, Kaffee, Vanilleextrakt und eine Prise Salz in einen großen Topf geben. Alles bei mittlerer Hitze unter Rühren erhitzen.
2. Sahne steif schlagen.
3. In Tassen füllen, mit Schlagsahne und Zimt, Schokoladenraspeln und Marshmallows garnieren.

Dekoration Schneemann

- Marshmallows
- Salzstangen oder Schokoladensticks
- Rosmarinzweige
- etwas geschmolzene Schokolade

1. Für die Schneemänner je 2 Marshmallows auf eine Salzstange oder einen Schokoladenstick stecken und mit geschmolzener Schokolade Gesicht und Knöpfe aufmalen. Im Kühlschrank fest werden lassen. Zusammen mit einem Rosmarinzweig in den Kaffee-Kakao stecken.

Michel aus Lönneberga

(1971–1973)

Jedes Jahr, wenn die Tage kürzer werden und wir uns nach Wärme und Gemütlichkeit sehnen, lädt uns *Michel aus Lönneberga* ein, in eine Welt der kindlichen Abenteuer und des Übermuts einzutauchen. Michels Streiche und sein unverwüstlicher Optimismus, eingebettet in die idyllische Landschaft Smålands, bringen ein Lächeln auf unsere Lippen und erinnern uns an die unbeschwerte Freude und die tiefen Familienbande, die besonders zur Weihnachtszeit zum Ausdruck kommen.

Meine Lieblingsfolge ist die, in der die Weihnachtszeit eingeläutet wird. Während Michels Mutter hofft, dass ihr Sohn über die Festtage von weiteren Streichen Abstand nimmt, ist Michel bereits tief in seinen nächsten großen Plan verwickelt. Mit einem Herzen so groß wie die Vorratskammer entschließt er sich, die Armen des Dorfes zu beschenken.

Schwedischer Heringssalat

Als Michel die Armen des Dorfes zum Katthult-Hof zum Essen einlädt, darf natürlich auch der schwedische Heringssalat nicht fehlen.

FÜR 6 PORTIONEN

- 4 große Kartoffeln
- 3 säuerliche Äpfel
- 2 Zwiebeln
- 3 Heringsfilets
- 5 saure Gurken
- 400 g Rote Bete, vorgegart
- 4 EL Rote-Bete-Saft
- 2 EL Weißweinessig
- 1 TL Senf
- 2 Msp. weißer Pfeffer
- 3 Eier
- etwas Dill

1. Kartoffeln gar kochen und schälen. Äpfel schälen und würfeln. Zwiebeln häuten und würfeln. Heringsfilets, Gurken und Rote Bete würfeln.
2. Alle Zutaten miteinander vorsichtig vermengen. Saft, Essig, Senf und Pfeffer unterheben.
3. Eier hart kochen, abschrecken, pellen und halbieren.
4. Salat anrichten und mit den Eierhälften garnieren.
5. Dill fein hacken und über den Salat streuen.

Ostkaka – Katthults Käsekuchen

Ganze 17 Käsekuchen wurden für den »Dorf-Schmaus« gebacken … was die Vorsteherin des Waisenhauses anlockt, sodass Michel die Armen auf den Katthult-Hof zum Essen einlädt.

FÜR 1 SPRINGFORM Ø CA. 26 CM

- 4 Eier
- 50 g Zucker
- 100 g gemahlene Mandeln
- 50 g Mehl
- 400 g Hüttenkäse
- 300 ml Sahne

AUSSERDEM

- Erdbeer-, Himbeer- oder Waldbeerenkompott
- Schlagsahne

1. Backofen auf 175 °C Ober-/Unterhitze vorheizen.
2. Eier mit dem Zucker cremig aufschlagen. Nach und nach Mandeln, Mehl und Hüttenkäse unterrühren.
3. Sahne steif schlagen und anschließend unter den Teig heben.
4. Springform einfetten, Teig hineingeben und eine Stunde backen. Die Oberfläche des Kuchens wird leicht braun.
5. Serviert wird der Ostkaka mit Erdbeer-, Himbeer- oder Waldbeerenkompott und geschlagener Sahne.

Drei Haselnüsse für Aschenbrödel
(1973)

Drei Haselnüsse für Aschenbrödel ist ein Märchen, das mich mit seiner starken, unabhängigen Hauptfigur und der zauberhaften Geschichte jedes Jahr aufs Neue verzaubert. Die magischen Momente, die durch die drei Haselnüsse hervorgerufen werden, und die zeitlose Botschaft von Hoffnung und Wunder machen diesen Film zu einem meiner Weihnachtshighlights.

Haselnuss-Grog

Und es gibt nichts Schöneres, als den Film mit einem weihnachtlichen Haselnuss-Grog und einem Haselnuss-Gugelhupf zu genießen.

FÜR 4 PORTIONEN

- 4 Eigelb
- 4 EL Zucker
- 150 ml kochend heißes Wasser
- 150 ml Haselnusslikör
- 1 Prise Salz
- 200 ml geschlagene Sahne (optional)

1. Eigelbe und Zucker mit einem elektrischen Handrührgerät mindestens 1 Minute lang kräftig aufschlagen, dann nach und nach das heiße Wasser unterrühren.
2. Haselnusslikör und Salz zugeben und mit dem elektrischen Handrührgerät auf mittlerer Stufe unterrühren.
3. Auf Wunsch mit geschlagener Sahne garnieren.

Haselnuss-Gugelhupf

FÜR 1 GUGELHUPFFORM Ø CA. 24 CM

- 4 Eier
- 200 g Zucker
- 1 Prise Salz
- 150 g Mehl
- 300 g gemahlene Haselnüsse
- 1 Pck. Backpulver
- 1 Prise Zimt
- 150 ml Speiseöl
- 200 g Natur- oder Haselnussjoghurt

KANDIERTE HASELNÜSSE

- 100 g Zucker
- 3 EL Wasser
- 10 Haselnüsse

GLASUR

- 150 g Puderzucker
- 2–3 TL Wasser oder Haselnusssirup

1. Backofen auf 180 °C Ober-/Unterhitze vorheizen. Gugelhupfform einfetten und leicht bemehlen.
2. Eier, Zucker und Salz 2 Minuten mit dem elektrischen Handrührgerät aufschlagen.
3. Mehl, gemahlene Haselnüsse, Backpulver und Zimt vermengen, dann nach und nach mit Speiseöl und Joghurt unter die Eiermischung rühren.
4. Teig in die Gugelhupfform füllen und im unteren Drittel ca. 50 Minuten backen.
5. Kuchen 20 Minuten in der Form abkühlen lassen, dann aus der Form lösen und auf einem Kuchengitter auskühlen lassen.
6. Für die kandierten Haselnüsse den Zucker mit dem Wasser in einen Topf geben und goldbraun karamellisieren lassen, kurz abkühlen lassen. Die Haselnüsse je auf einen Zahnstocher stecken. Die Haselnüsse portionsweise in die Karamellmasse tauchen, einzeln mit einer langen »Fahne« entnehmen, kurz trocknen lassen und dann am besten mit den Kopf nach unten auf ein Stück Styropor stecken.
7. Für die Glasur den Puderzucker mit Wasser oder Sirup zu einer dicken Glasur verrühren, in einen Spritzbeutel geben und langsam auf den Kuchen spritzen.
8. Mit kandierten Haselnüssen und Cranberrys (optional) garnieren.

Der kleine Lord

(1980)

Der kleine Lord ist eine Geschichte, die das Herz erwärmt und die Seele berührt. Ceddie Errols Reise von Amerika nach England, um sein Erbe als der kleine Lord Fauntleroy anzutreten, ist eine Erinnerung an die Bedeutung von Familie, Güte und der Überwindung von Vorurteilen. Die Transformation, die Ceddie in seinem Großvater bewirkt, zeigt, dass Liebe und Güte die mächtigsten Kräfte sind.

Mr. Hobbs Ingwerplätzchen

Wenn Cedric in Mr. Hobbs Geschäft kommt, erhält er immer einen Ingwerkeks. Und die sind in der Winterzeit einfach perfekt.

FÜR 2 BACKBLECHE

- 100 g kandierter Ingwer
- 250 g Mehl
- ¼ TL Backpulver
- 1 Prise Salz
- 200 g Butter, Zimmertemperatur
- 150 g brauner Zucker
- 1 Ei
- 50 g gemahlene Mandeln

1. Ingwer klein schneiden, dann mit den restlichen Zutaten zu einem Teig kneten. Teig zu 3 Rollen à 3 cm Durchmesser formen, in Folie einpacken und über Nacht in den Kühlschrank stellen.
2. Backofen auf 180 °C Ober-/Unterhitze vorheizen.
3. Teigrollen in 1 cm dicke Scheiben schneiden und auf 2 mit Backpapier ausgelegte Backbleche setzen, dabei dazwischen immer etwas Platz lassen, da die Kekse etwas auseinanderlaufen.
4. Im Ofen 10–15 Minuten goldbraun backen.

Lady Lorradailes Sandwich mit Gurke und Kresse

Besuch von der Großtante – zum Tee gibt es die besten englischen Sandwiches.

FÜR 8 STÜCK

- 1 Bio-Zitrone
- 8 Scheibe Toastbrot
- ¼ Gurke, längs in feine Scheiben gehobelt
- 50 g Butter, weich
- ½ TL Fleur de Sel
- 30 g Gartenkresse

1. Zitrone heiß abwaschen und die Schale fein abreiben. Vom Toastbrot die Ränder abschneiden. Gurke längs in feine Scheiben hobeln.
2. Butter, Zitronenschale und Fleur de Sel verrühren. Toastbrot mit der Butter bestreichen, Scheiben halbieren. Die Hälfte davon mit Kresse und Gurke belegen. Restliche Scheiben darauflegen, leicht andrücken und halbieren.

Kuchenbrötchen – Englische Scones

Selbstverständlich werden beim kleinen Lord auch Scones serviert!

FÜR CA. 15 STÜCK

450 g Mehl

25 g Backpulver

50 g Zucker

1 Prise Salz

125 g Butter, kalt

1 Ei

250 ml Milch, kalt

50 g Rosinen (optional)

AUSSERDEM

1 Ei

3 EL Milch

Mehl für die Arbeitsfläche

ZUM SERVIEREN

Clotted Cream

Erdbeermarmelade

1. Backofen auf 170 °C Ober-/Unterhitze vorheizen. Zwei Backbleche mit Backpapier auslegen.
2. Mehl mit Backpulver, Zucker und Salz vermengen. Butter in Würfel schneiden und zugeben.
3. Ei und Milch zugeben und mit einer Gabel oder den Händen unter den Teig arbeiten. Optional Rosinen zugeben. Der Teig soll nicht geknetet werden.
4. Teig auf einer gut bemehlten Arbeitsfläche 3 cm dick ausrollen und mit einem 6 cm runden Ausstecher Kreise ausstechen.
5. Kreise auf die Backbleche setzen. Ei mit Milch verquirlen und die Scones damit einpinseln.
6. Im Ofen 15–20 Minuten goldbraun backen.
7. Mit Clotted Cream und Marmelade servieren.

Weihnachtsstimmung

FÜR DIE GANZE FAMILIE

A Christmas Story
Fröhliche Weihnachten (1983)

A Christmas Story fängt die kindliche Freude und Enttäuschung an Weihnachten auf eine Weise ein, die sowohl herzerwärmend als auch urkomisch ist. Ralphies Wunsch nach einem Luftgewehr und die daraus resultierenden Eskapaden sind ein fester Bestandteil meiner Weihnachtstradition geworden.

Mom's Meatloaf

In *Fröhliche Weihnachten* gibt es eine berühmte Szene, in der Ralphies kleiner Bruder Randy nicht essen will. Die Mutter überredet ihn schließlich dazu, indem sie ihn bittet zu zeigen, wie ein Schweinchen isst. Das Gericht, das sie essen, ist Hackbraten mit Rotkohl und Kartoffelpüree. Randy macht dabei lustige Geräusche und drückt sein Gesicht in das Kartoffelpüree, was seine Mutter und Ralphie zum Lachen bringt, obwohl sie es eigentlich grotesk finden.

FÜR 4 PORTIONEN

- 1 Zwiebel
- 1 Knoblauchzehe
- 1 Paprikaschote
- 1 altbackenes Brötchen
- 100 ml Milch
- 750 g gemischtes Hackfleisch
- 2 Eier
- je 2 EL Ketchup und Chilisoße
- Salz
- Pfeffer
- Paprikapulver
- 200 ml Ketchup (optional)
- 100 ml Sahne (optional)

1. Backofen auf 200 °C Ober-/Unterhitze vorheizen.
2. Zwiebel und Knoblauch häuten und fein hacken. Paprika fein würfeln.
3. Brötchen in Milch einweichen lassen, dann gut ausdrücken und zusammen mit Hackfleisch, Eiern, Ketchup, Chilisoße, Zwiebel- und Knoblauchwürfeln vermengen. Mit Salz, Pfeffer und Paprikapulver würzen.
4. Masse zu einem ovalen Laib formen.
5. Eine Auflauf- oder Kastenform mit Öl einfetten, Hackfleischlaib hineinlegen. Optional Ketchup mit Sahne verrühren und auf den Laib geben.
6. Im Ofen eine Stunde backen, ggf. nach 30 Minuten mit Alufolie abdecken.
7. Braten 10 Minuten ruhen lassen, dann aufschneiden.
8. Dazu passen Rotkohl und Kartoffelpüree.

Schöne Bescherung
(1989)

In diesem urkomischen Klassiker folgen wir den unermüdlichen Bemühungen von Clark Griswold, der sich vornimmt, das perfekte Weihnachtsfest für seine Familie zu organisieren – mit katastrophal komischen Ergebnissen. Von einer übertriebenen Weihnachtsbeleuchtung, die das Stromnetz der Nachbarschaft lahmlegt, bis hin zu einem trockenen Truthahn, der beim Anschneiden auseinanderfällt, erinnert uns *Schöne Bescherung* daran, dass Perfektion nicht das ist, was die Feiertage ausmacht – sondern die unvorhersehbaren, chaotischen und zutiefst menschlichen Momente, die wir mit unseren Liebsten teilen.

Clark's Disaster-Proof Turkey

In den USA wird der Truthahn traditionell mit einer Vielzahl von Füllungen zubereitet, die von Region zu Region und von Familie zu Familie variieren können. Die klassische Füllung besteht in der Regel aus Brot oder Semmelbröseln als Basis, angereichert mit Zutaten wie Zwiebeln und Sellerie, Kräutern wie Salbei, Rosmarin, Thymian und Petersilie oder auch mit Äpfeln, Nüssen, getrockneten Cranberrys.

Es gibt auch die Methode, bei der die Füllung separat vom Truthahn in einer Auflaufform gebacken wird. Dies wird manchmal aus Sicherheitsgründen bevorzugt, um eine gleichmäßige Garzeit zu gewährleisten.

FÜR 4 PORTIONEN

- 6 kg Truthahn, ausgenommen
- 4 EL Speiseöl
- 1 Prise Salz
- 1 Prise Pfeffer
- 1 Prise Knoblauchpulver
- 2 EL Butterschmalz
- 250 ml Hühnerbrühe

FÜLLUNG (OPTIONAL)

- 2 Zwiebeln
- 200 g Speck
- 2 Äpfel
- 1 Stange Lauch
- 300 g Brotwürfel

1. Backofen auf 180 °C Ober-/Unterhitze vorheizen.

2. Optional für die Füllung die Zwiebeln schälen und zusammen mit dem Speck fein hacken. Äpfel schälen, entkernen und in Würfel schneiden. Lauch waschen und in Scheiben schneiden.

3. Alles zusammen mit den Brotwürfeln zu einer Teigmasse vermengen, den Truthahn damit füllen und mit Küchengarn zubinden.

4. Öl, Salz, Pfeffer und Knoblauchpulver in einer Schale verrühren und den Truthahn damit einreiben.

5. Butterschmalz in einem Bräter erhitzen und darin den Truthahn von allen Seiten gut anbraten.

6. Den Truthahn mit Alufolie abdecken und im vorgeheizten Ofen für 3 Stunden braten lassen.

7. Nach ca. 60 Minuten den Truthahn unter den Flügeln einstechen, damit etwas Fett ausrinnen kann. Zwischendurch den Truthahn immer wieder mit Hühnerbrühe und etwas Bratenfett übergießen.

8. Alufolie entfernen und den Truthahn anschließend für weitere 30 Minuten bei rund 150 °C garen lassen.

TIPP

Zu einem traditionell zubereiteten Truthahn werden in den USA typischerweise verschiedene Beilagen serviert wie Cranberry-Soße, Kartoffelpüree, geröstetes Gemüse, Salate, Süßkartoffelauflauf, grüne Bohnen oder frisch gebackenes Brot oder Maisbrot, um die Soße aufzutunken.

Die Muppets Weihnachtsgeschichte
(1992)

Die Muppets Weihnachtsgeschichte ist eine dieser Adaptionen, die das Herz von Charles Dickens' zeitlosem Klassiker mit der unvergleichlichen Wärme und dem Humor der Muppets verbindet. Jedes Mal, wenn ich diesen Film sehe, finde ich mich lachend und zugleich tief berührt von der Geschichte Ebenezer Scrooges, der durch die Besuche der drei Geister der Weihnacht die wahre Bedeutung dieses Festes entdeckt. Es ist diese Mischung aus Spaß und tiefgreifenden Lektionen über Güte, Vergebung und Wandlung, die *Die Muppets Weihnachtsgeschichte* zu einem unverzichtbaren Bestandteil meiner Weihnachtszeit macht.

Miss Piggys Festtagsbraten

Wenn es um festliche Mahlzeiten geht, ist Miss Piggy immer für einen beeindruckenden Auftritt gut. Dieser vegetarische Festtagsbraten ist eine perfekte Wahl für alle, die nach einer herzhaften und dennoch fleischfreien Alternative suchen. Vollgepackt mit nahrhaften Linsen, knackigen Nüssen und frischem Gemüse, ist dieser Braten sowohl geschmacklich als auch optisch ein Highlight auf jedem Festtagstisch.

FÜR 4 PORTIONEN

- 250 g braune Linsen
- 500 ml Gemüsebrühe
- 1 altbackenes Brötchen
- 200 g braune Champignons
- 1 rote Paprikaschote
- 1 Bund Petersilie
- 2 Karotten
- 2 Stangen Staudensellerie
- 2 Zwiebeln
- 2 Knoblauchzehen
- 50 g Haselnüsse
- 50 g Walnüsse
- 2 EL Speiseöl
- 2 EL Balsamico-Essig
- 3 Eier
- 2 EL Senf
- 1 EL Tomatenmark
- 2 TL edelsüßes Paprikapulver
- Salz
- Pfeffer
- 3 EL Preiselbeerkonfitüre

1. Linsen in Gemüsebrühe nach Packungsanleitung weich kochen, vom Herd nehmen.
2. Das Brötchen in Wasser einweichen.
3. Champignons putzen und klein hacken. Paprika würfeln. Petersilie fein hacken. Karotten schälen und fein reiben.
4. Staudensellerie fein würfeln. Zwiebeln und Knoblauch häuten und fein hacken.
5. Nüsse grob hacken.
6. Öl in einer beschichteten Pfanne erhitzen. Zwiebeln glasig andünsten. Knoblauch, Pilze, Paprika und Sellerie dazugeben und 5 Minuten anbraten. Balsamico-Essig unterrühren, vom Herd nehmen.
7. Die gekochten Linsen grob pürieren.
8. Brötchen aus dem Wasser nehmen, die Flüssigkeit ausdrücken und in kleine Stücke teilen. Linsen und Brot in einer großen Schüssel gründlich mit dem gebratenen Gemüse, den geriebenen Karotten, gehackten Nüssen, Eiern, Senf, Tomatenmark, Petersilie und Paprikapulver vermengen. Mit Salz und Pfeffer abschmecken.
9. Backofen auf 180 °C Ober-/Unterhitze vorheizen und eine Kastenform (10 × 30 cm) mit Backpapier auslegen. Die Masse für den vegetarischen Nussbraten in die vorbereitete Form streichen und auf der mittleren Schiene 40–45 Minuten backen.
10. Dazu Preiselbeerkonfitüre reichen.

Kermits Erbsen-Avocado-Toast

Wer könnte besser für einen gesunden und schmackhaften Snack werben als Kermit der Frosch? Mit frischen Zutaten und einer lustigen Präsentation bringt dieser Toast garantiert ein Lächeln auf jedes Gesicht.

FÜR 4 PORTIONEN

1 Avocado

50 g Tiefkühl-Erbsen, aufgetaut

1 Knoblauchzehe

Saft einer Zitrone

2–4 EL Olivenöl (je nach gewünschter Konsistenz)

Salz

Pfeffer

4 Toastscheiben

1 rote Paprika

ca. 24 Blätter Babyspinat

1 Käsestick

Schwarzer essbarer Marker

1. Avocado halbieren, entkernen und das Fruchtfleisch mit den Erbsen und Knoblauch pürieren. Dabei nach und nach Olivenöl hineinfließen lassen und weiter pürieren, bis die gewünschte Konsistenz erreicht ist.
2. Mit Salz, Pfeffer und Zitronensaft abschmecken.
3. Die Creme auf einem Toast in der Form von Kermits Gesicht verstreichen.
4. Den Käse in ovale Stücke schneiden. Mit einem schwarzen essbaren Marker Kermits Augen auf den Käse zeichnen.
5. Die rote Paprika in die Form von Kermits Lächelns schneiden.
6. Mit dem Babyspinat den Kragen formen.

TIPP

Ihr könnt auch normalen Scheibenkäse nehmen und mit einem ovalen Keksausstecher die Augen ausstechen.

Santa Clause
Eine schöne Bescherung (1994)

Santa Clause – Eine schöne Bescherung ist für mich ein Film, der die Wunder des Glaubens und die Bedeutung von Familie in den Mittelpunkt rückt. Scotts unerwartete Verwandlung in den Weihnachtsmann und die Abenteuer, die er und sein Sohn Charlie erleben, erinnern mich daran, dass Weihnachten eine Zeit ist, in der alles möglich ist, wenn man nur daran glaubt.

Als Weihnachtsmann bestellt Scott in einem Restaurant diese Speisen: Einen Caesar Salad ohne Dressing, einen Keks mit Chocolate Chips ohne Nüsse, ein Stück Cheesecake, Crème brûlée und einen extra Hot Chocolate Fudge Sundae. In der deutschen Fassung des Films wurde aus dem Caesar Salad ein Salade niçoise, aus der Crème brûlée eine Crème Caramel und aus dem Sundae ein Eiscocktail.

American Cheesecake

FÜR 1 SPRINGFORM Ø 26 CM

- 200 g Kekse, z. B. Graham Crackers oder Butterkekse
- 100 g Butter, flüssig
- 1 Prise Zimt

CHEESECAKE-FÜLLUNG

- 800 g Frischkäse
- 200 g Zucker
- 1 Päckchen Vanillezucker
- 1 TL Vanilleextrakt
- 200 g Crème fraîche oder saure Sahne
- 1 TL Bio-Zitronenabrieb
- 2 EL Mehl
- 4 Eier

1. Backofen auf 175 °C Ober-/Unterhitze vorheizen. Springform einfetten.
2. Kekse fein zerbröseln, Butter schmelzen und alles mit Zimt vermengen und als Boden in die Springform drücken. Im Ofen 15 Minuten backen, herausnehmen und abkühlen lassen.
3. Für die Füllung Frischkäse 2 Minuten cremig rühren. Zucker, Vanilleextrakt, Vanillezucker, Crème fraîche und Zitronenabrieb unterrühren.
4. Mehl unterrühren und die Eier vorsichtig unterschlagen.
5. Füllung in die Backform geben. Backform außen mit Alufolie umwickeln, sodass kein Wasser eindringen kann.
6. Form auf die Fettpfanne des Backofens stellen und heißes Wasser in die Fettpfanne gießen, sodass die Form etwa zur Hälfte im Wasser steht. Im vorgeheizten Backofen ca. 1 Stunde backen, bis die Creme kaum noch wackelt, wenn man leicht an der Form rüttelt.

Caesar Salad

FÜR 4 PORTIONEN

1 Knoblauchzehe

70 ml Olivenöl

200 g Weißbrot (vom Vortag)

75 g geriebener Parmesan

1 Eigelb

½ TL scharfer Senf

1 TL Worcestershire-Soße

1 EL frisch gepresster Zitronensaft

100 ml Sonnenblumenöl

Salz

Pfeffer

2 Köpfe Romana-Salat

1. Knoblauchzehe häuten und pressen, mit Olivenöl verrühren und 30 Minuten ziehen lassen. Öl abseihen und Knoblauch auffangen.
2. Brot in Würfel schneiden und zusammen mit 25 g Parmesan unter die Ölmischung rühren.
3. Backofen auf 190 °C Ober-/Unterhitze vorheizen, Brotwürfel auf ein Backblech geben und 10–15 Minuten backen, dabei einmal wenden, herausnehmen und abkühlen lassen.
4. Für das Dressing Eigelb, Senf, Worcestershire-Soße, Zitronensaft, zurückbehaltenen Knoblauch und 25 g Parmesan in einen Blender geben und kurz durchmixen.
5. Dann langsam unter ständigem Mixen das Sonnenblumenöl einfließen lassen, sodass sich eine Art Mayonnaise bildet. Mit Salz und Pfeffer abschmecken.
6. Salat in Blätter trennen, diese etwas zerzupfen, waschen und gut trocken schleudern. Etwa die Hälfte des Dressings und der Croutons über den Salat geben, gut durchmischen, anrichten und restlichen Parmesan, Croutons und Dressing dazu reichen.

TIPP

In der modernen Version wird zum Caesar Salad gebratene Hähnchenbrust serviert. In einigen traditionellen Rezepten werden Kapern unter den Salat gemischt und im Dressing 3 Anchovis mitpüriert.

Christmas Crème brûlée

FÜR 4 PORTIONEN

- 1 Vanilleschote
- 200 ml Milch
- 500 ml Sahne
- ½ TL Zimt
- 6 Eigelb
- 110 g weißer Zucker
- 50 g brauner Zucker

1. Vanilleschote längs aufschneiden und das Mark mit dem Messerrücken herauskratzen.
2. Milch, Sahne, Zimt und Vanillemark in einen Topf geben und aufkochen.
3. Eigelb und weißen Zucker in einer großen Metallschüssel verrühren.
4. Schüssel auf ein heißes Wasserbad setzen (Schüsselboden darf das Wasser nicht berühren) und die heiße Milch-Sahne-Mischung unter ständigem Rühren zu der Ei-Zucker-Mischung geben. Rühren, bis die Masse bindet.
5. Die gebundene Masse sofort durch ein Sieb in eine gekühlte Schüssel gießen, damit sie nicht weiter stocken kann.
6. Backofen auf 140 °C Ober-/Unterhitze vorheizen.
7. Vanillecreme in 4 tiefe ofenfeste Schalen (à ca. 250 ml) verteilen. Im Backofen auf der untersten Schiene 70–80 Minuten garen, danach am besten über Nacht auskühlen lassen.
8. Vor dem Servieren gleichmäßig mit dem braunen Zucker bestreuen. Zucker mit einem Bunsenbrenner karamellisieren.

Hot Chocolate Fudge Sundae

FÜR 4 PORTIONEN

EISMISCHUNG

Vanilleeis

570 ml Kondensmilch

275 ml Schlagsahne

400 ml Crème fraîche

2 TL Vanilleextrakt

FUDGE-SOSSE

170 g gezuckerte Kondensmilch

225 g Zartbitterschokolade

TOPPING

geschlagene Sahne oder Sprühsahne

75 g gemischte gehackte Nüsse, z. B. Pekannüsse, Paranüsse, Mandeln, Erdnüsse und/oder Haselnüsse

1. Für die Eismischung alle Zutaten in eine Schüssel geben und mit einem elektrischen Handmixer gründlich verrühren.
2. Die Mischung etwa 2 Stunden gefrieren lassen, dann herausnehmen und mit dem Handmixer erneut gut durchmischen, um Eiskristalle zu zerkleinern. Das Eis zurück in den Gefrierschrank stellen und nach weiteren 3 Stunden nochmals durchmixen. Anschließend für weitere 6–8 Stunden gefrieren lassen, bis es die Konsistenz zum Servieren erreicht hat.
3. Für die Schokoladen-Fudge-Soße die gezuckerte Kondensmilch in eine kleine feuerfeste Schüssel gießen. Die Schokolade in kleine Stücke brechen und zur Milch hinzufügen. Die Schüssel auf einen Topf mit leicht simmerndem Wasser setzen, dabei darauf achten, dass der Boden der Schüssel das Wasser nicht berührt. Die Schokolade schmelzen lassen, dabei ab und zu umrühren. Es dauert etwa 10 Minuten, bis die Mischung zu einer schönen »fudgy« Masse wird.
4. Pro Person je 3 feste, kalte Kugeln Eis in ein hohes Glas geben. Dann jeweils 3 Dessertlöffel heiße Fudge-Soße darübergeben, gefolgt von etwas geschlagener Sahne. Mit gehackten Nüssen bestreuen und sofort servieren.

TIPP

Als Eis-Grundlage einfach fertig gekauftes Vanilleeis verwenden.

Der Grinch
(2000)

Jedes Jahr, wenn die Weihnachtszeit näher rückt, finde ich mich in einer Tradition wieder, die so unvermeidlich ist wie das Fest selbst: Ich schaue *Der Grinch.* Der Film handelt von einem grünen Miesepeter, dem Grinch, der plant, Weihnachten zu ruinieren. Doch was er letztlich findet, ist eine Erkenntnis, die weit über Geschenke und Glitzer hinausgeht – nämlich, dass Weihnachten im Herzen beginnt und das größte Geschenk Liebe und Gemeinschaft sind.

Grüne Grinch-Plätzchen

Diese Plätzchen, grün gefärbt und mit einem großen roten Herzen in der Mitte, sind nicht nur ein Fest für die Augen, sondern auch ein süßer Reminder daran, dass selbst das kleinste Herz die Kraft hat zu wachsen.

FÜR 20 STÜCK

- 1 Bio-Zitrone
- 300 g Mehl
- 2 TL Backpulver
- 120 g Butter, Zimmertemperatur
- 100 g Zucker
- 1 Prise Salz
- 1 TL Vanilleextrakt
- 2 Eier
- grüne Lebensmittelfarbpaste
- 20 rote Zuckerherzen oder etwas Puderzucker und rote Lebensmittelfarbe

1. Zitrone waschen, trocknen und Schale fein abreiben. Zitronensaft auspressen. Mehl und Backpulver vermengen.
2. Butter, Zucker, Zitronenschale, Salz und Vanilleextrakt schaumig schlagen. Eier nacheinander unterrühren.
3. Mehlmischung, 1 TL Zitronensaft und Lebensmittelfarbe je nach gewünschter Farbintensität unterrühren und zu einem glatten Teig verarbeiten.
4. Backofen auf 180 °C Ober-/Unterhitze vorheizen. Vom Teig mit einem Esslöffel walnussgroße Portionen abstechen und zu Kugeln formen. Teigkugeln mit etwas Abstand auf ein Blech mit Backpapier setzen. Im Backofen 10–12 Minuten backen. Auf dem Blech abkühlen lassen.
5. Aus etwas Puderzucker und Zitronensaft eine dickflüssige Glasur anrühren und in die Mitte der Kekse einen kleinen Klecks aufgeben, um die Zuckerherzen zu befestigen, oder etwas rote Lebensmittelfarbe unter die Glasur rühren, Glasur in einen kleinen Spritzbeutel füllen und ein Herz auf die Kekse spritzen.

Barbie in: Der Nussknacker

(2001)

Der Film basiert auf der berühmten Erzählung *Nussknacker und Mausekönig* von E.T.A. Hoffmann und der daraus adaptierten Ballettmusik von Tschaikowsky.

Die Geschichte beginnt mit Barbie, die ihrer jüngeren Schwester Kelly im Traumland hilft, ihre Angst vor dem Tanzen zu überwinden. Barbie erzählt Kelly von Clara, die von Barbie selbst gespielt wird. Clara erhält zu Weihnachten einen Nussknacker, der nachts zum Leben erwacht und sich als Prinz entpuppt. Der Prinz ist unter einem Fluch des bösen Mäusekönigs gefangen, der ihn in eine Nussknacker-Puppe verwandelte. Die Handlung nimmt Fahrt auf, als Clara beschließt, dem Nussknacker zu helfen. Sie reist in das Land Parthenia, wo sie gegen den Mäusekönig und seine Armee kämpfen muss. Die Geschichte ist eine Reise der Selbstentdeckung, des Mutes und der Freundschaft.

Pinke Spaghetti

Zum Film passen diese pinken Spaghetti perfekt und sie sind superschnell gemacht.

FÜR 4 PORTIONEN

- 500 g Spaghetti
- 2 Knoblauchzehen
- 4 Rote Bete, vakuumiert (geschält und gekocht)
- 200 g Feta
- Salz
- Pfeffer
- ½ Bund frische Petersilie

1. Nudeln nach Packungsangabe kochen, dabei etwas Kochwasser abfangen.
2. Knoblauch schälen und hacken, Rote Bete klein schneiden, Feta zerbröseln.
3. Knoblauch, Rote Bete, Feta und zwei Kellen Kochwasser in einem Mixer cremig mixen. Ist die Soße zu dick, einfach noch mehr Kochwasser zufügen. Mit Salz und Pfeffer abschmecken.
4. Soße mit der Pasta in einen Topf geben, vermengen und unter Rühren kurz erwärmen.
5. Petersilie hacken und vor dem Servieren über die Pasta streuen.

TIPP

Vor dem Servieren noch mit etwas zusätzlich zerbröselten Fetakäse bestreuen.

Buddy – Der Weihnachtself
(2003)

Buddy – Der Weihnachtself ist für mich ein strahlendes Beispiel dafür, wie Weihnachten uns alle ein wenig kindlicher und mutiger macht und uns daran erinnert, an die Kraft der Familie zu glauben. Buddys Reise von den Weiten des Nordpols bis zu den belebten Straßen New Yorks, seine Fröhlichkeit und sein Glaube an das Gute machen diesen Film zu einem meiner festen Weihnachtsrituale.

Buddys süße Spaghetti

Nachdem er sich zum ersten Mal mit seiner neuen menschlichen Familie zu einer Mahlzeit setzt, bei der sie Spaghetti essen, geht Buddy davon aus, dass alle Menschen zu allen Zeiten Spaghetti essen müssen! Elfen, so Buddy, halten sich streng an die vier Nahrungsmittelgruppen: Kekse, Schokolade, Zuckerstangen und Sirup.

Am folgenden Morgen bereitet Buddy für seine neue Familie Spaghetti zum Frühstück zu, fügt jedoch eine elfische Zutat hinzu: Ahornsirup. Nachdem sie zur Arbeit und zur Schule aufgebrochen sind, setzt sich Buddy zu seiner eigenen Version der Frühstücksspaghetti, der er eine weitere der vier Hauptnahrungsgruppen der Elfen hinzufügt: Süßigkeiten. Und siehe da, Buddy zaubert ein Gericht aus Spaghetti, Ahornsirup, Schokoladensirup, Schokolinsen, Marshmallows und einem Schokoladenfudge-Pop-Tart.

FÜR 2 PORTIONEN

- 200 g Spaghetti
- 80 ml Ahornsirup
- 50 ml Schokoladensoße
- 50 g bunte Schokoladenlinsen
- 20 g Mini-Marshmallows
- 1 Schokoladen-Pop-Tart oder 3 Schokoladenkekse

1. Spaghetti al dente kochen, dann abseihen und abkühlen lassen und auf 2 Teller verteilen.
2. Alle anderen Zutaten über die Spaghetti geben und vermengen.

Der Polarexpress
(2004)

Der Polarexpress ist nicht einfach nur ein Film; er ist eine Einladung an uns alle, an Bord eines Zuges zu steigen, der direkt zu den Wundern unserer Kindheit führt. Dieser animierte Klassiker entführt uns auf eine magische Zugfahrt zum Nordpol, zusammen mit einem Jungen, dessen Glaube an das Weihnachtswunder auf der Probe steht. Durch seine Augen erleben wir Abenteuer, die gespickt sind mit lehrreichen Momenten und einer tiefen Botschaft: Es geht um die Bedeutung von Weihnachten und den Glauben an das Wunderbare, das uns umgibt. In diesem Sinne möchte ich euch nicht nur in die Welt von *Der Polarexpress* entführen, sondern auch die Magie dieses Films in eure Küchen bringen.

Heiße Lebkuchen-Schokolade »Polarexpress«

Im Polarexpress tanzen und singen die Kellner, während sie die heiße Schokolade mit akrobatischer Finesse servieren. Sie gleiten durch den Zugwagen, jonglieren mit den Tassen und verteilen die heiße Schokolade auf spektakuläre Weise an die Kinder.

FÜR 2 PORTIONEN

- 500 ml Mandelmilch
- 200 g Vollmilchschokolade
- 1 TL Zimt
- ½ TL gemahlener Ingwer
- 1 Prise Muskatnuss
- 1 TL Vanilleextrakt
- 1 EL Zuckerrübensirup
- 2 EL Ahornsirup
- 200 g Sahne
- 5 EL Puderzucker

1. Mandelmilch in einem kleinen Topf erwärmen. Schokolade hacken und in der heißen Milch unter Rühren schmelzen lassen. Zimt, Ingwer, Muskatnuss, Vanilleextrakt, Zuckerrübensirup und Ahornsirup unterrühren und bei mittlerer Hitze alles erwärmen (nicht aufkochen lassen).
2. Sahne mit Puderzucker steif schlagen.
3. Kakao in Tassen füllen und mit Sahne und einer Prise Zimt garnieren.
4. Perfekt dazu passen die kleinen magischen Schokoladenkuchen vom nächsten Rezept.

Kleine magische Schokoladenkuchen

ZUTATEN FÜR 12 STÜCK

- 3 Eier
- 100 g Zucker
- 2 EL Honig
- 2 EL Kakaopulver
- 1 TL Zimt
- 1 TL Vanilleextrakt
- 60 ml Espresso
- 180 g Mehl
- ½ TL Backpulver
- 120 g Butter, geschmolzen
- Puderzucker zum Bestäuben

1. Eier, Zucker und Honig mit einem elektrischen Handrührgerät 5 Minuten lang aufschlagen.
2. Kakaopulver, Zimt, Vanilleextrakt und Espresso einrühren.
3. Mehl und Backpulver unterheben, dann die geschmolzene Butter unterheben.
4. Teig mit Plastikfolie abdecken und mindestens 30 Minuten oder über Nacht kalt stellen.
5. Ofen auf 180 °C Ober-/Unterhitze vorheizen. Eine Madeleine-Form oder eine kleine Kuchenform mit 12 Mulden einfetten und mit Mehl bestäuben, überschüssiges Mehl abklopfen. Teig in die Förmchen füllen, bis diese zu drei Vierteln voll sind, und 10–12 Minuten backen.
6. Auf einem Kuchengitter abkühlen lassen, dann mit Puderzucker bestäuben.

Verrückte Weihnachten
(2004)

Verrückte Weihnachten nimmt uns mit auf eine humorvolle Reise, die die Ironie des festlichen Überkonsums beleuchtet, während sie gleichzeitig den Kern dessen, was Weihnachten wirklich bedeutet, freilegt: Familie, Liebe und Zusammenhalt.

Jingle Bells Batida

Ein exotischer Cocktail, der die geplante Reise der beiden Kranks in die Karibik widerspiegelt, mit einem Hauch von Kokos und Mango. Vorfreude ist die schönste Freude, besonders dann, wenn man plant, Weihnachten mal auszulassen … auch wenn dann doch alles ganz anders wird.

FÜR 1 PORTION

- 1 Bio-Limette
- 40 ml Batida de Coco
- 10 ml Hibiskusblüten-Sirup
- 10 ml Zimtsirup
- 80 ml Mangosaft
- Eiswürfel

1. Limette halbieren und aus einer Hälfte etwas Saft auspressen. Die andere Hälfte in Scheiben schneiden.
2. Batida, Sirup, Mangosaft und einen Spritzer Limettensaft in einen Shaker mit Eis geben und kräftig durchschütteln. In ein Glas abseihen und mit einer Limettenscheibe garnieren.

Jingle Jangle Journey:
Abenteuerliche Weihnachten! (2020)

In einer Welt, in der die Wunder der Kindheit niemals verblassen, erweckt *Jingle Jangle Journey: Abenteuerliche Weihnachten!* die Magie der Weihnacht zum Leben. Dieses musikalische Abenteuer führt uns in die farbenfrohe Welt des Spielzeugmachers Jeronicus Jangle, dessen größte Erfindung die Macht besitzt, nicht nur seine eigene Familie, sondern die ganze Welt zu verändern. Mit seinen lebhaften Performances, den mitreißenden Songs und einer Geschichte, die das Herz erwärmt, ist dieser Film ein funkelndes Juwel der Weihnachtszeit, das Groß und Klein gleichermaßen verzaubert und zeigt, dass wahre Magie immer dann entsteht, wenn wir an uns selbst und aneinander glauben.

In der malerischen und lebendigen Stadt Cobbleton mit ihren verschneiten Straßen, farbenfrohen Geschäften und dem nostalgischen Flair laden die Schaufenster der Geschäfte ein, dort einzutauchen und halt zu machen.

Jangles Terrassenplätzchen

FÜR 24 STÜCK

- 400 g Mehl
- 1 TL Backpulver
- 130 g Puderzucker
- 1 Prise Salz
- 250 g Butter, kalt
- 1 Ei
- 1 Eigelb
- 1 Pck. Vanillezucker

FÜLLUNG

- 300 g Erdbeerkonfitüre
- etwas Puderzucker (optional)

1. In einer Schüssel Mehl, Backpulver, Puderzucker und eine Prise Salz vermengen.
2. Butter würfeln.
3. Ei, Eigelb und gewürfelte kalte Butter zur Mehlmischung hinzufügen. Mit den Händen zu einem glatten Teig kneten.
4. Teig in Frischhaltefolie wickeln und mindestens 60 Minuten im Kühlschrank kalt stellen.
5. Den Backofen auf 180 °C Ober-/Unterhitze vorheizen und 2 Backbleche mit Backpapier auslegen.
6. Den gekühlten Teig auf einer leicht bemehlten Arbeitsfläche auf etwa 3 mm Dicke ausrollen. Mit einem Plätzchenausstecher in drei unterschiedlichen Größen ausstechen.

7. Die ausgestochenen Plätzchen nach Größe auf die vorbereiteten Backbleche legen. Je nach Größe ca. 7–9 Minuten backen, bis sie goldbraun sind. Dann vollständig auskühlen lassen.

8. Die Erdbeerkonfitüre leicht erwärmen und glattrühren. Abkühlen lassen.

9. Auf die größten Plätzchen je ½ TL Konfitüre geben und leicht verteilen. Das mittelgroße Plätzchen darauflegen und erneut Konfitüre auftragen. Das kleinste Plätzchen daraufsetzen.

10. Nach Belieben mit Puderzucker bestreuen.

Charlie und die Schokoladenfabrik
(2005)

Wenn die kalte, klare Dezemberluft sich mit dem süßen Duft von frisch gebackenen Plätzchen vermischt und die Welt in ein glitzerndes Weiß gehüllt wird, beginnt eine ganz besondere Zeit – die Weihnachtszeit. In dieser Zeit der Wärme und des Zusammenseins findet Roald Dahls Meisterwerk *Charlie und die Schokoladenfabrik* einen ganz besonderen Widerhall. Dieser Film, der sowohl Kinder als auch Erwachsene mit seiner Fantasie und tiefgründigen Moral verzaubert, ist nicht nur eine Geschichte über Schokolade und Süßigkeiten, sondern auch über Hoffnung, Träume und die Magie des Glaubens – Themen, die zu Weihnachten besonders nachhallen.

In der Weihnachtszeit, in der das Geben und die Gemeinschaft im Vordergrund stehen, erinnert uns *Charlie und die Schokoladenfabrik* daran, wie wichtig es ist, mit offenen Augen durch die Welt zu gehen und die Wunder um uns herum zu schätzen. Wonkas Fabrik mit ihren unglaublichen Erfindungen und dem Zauber, der die Luft erfüllt, spiegelt die Wunder wider, die wir in der realen Welt erleben können, wenn wir nur genau hinschauen. Diese Geschichte lehrt uns auch die Bedeutung von Freundlichkeit und Fairness – Eigenschaften, die vor allem zur Weihnachtszeit gefeiert werden.

Während die Schneeflocken leise die Erde bedecken und die Lichter den dunklen Winter erhellen, bietet *Charlie und die Schokoladenfabrik* also eine wunderbare Gelegenheit, sich zusammenzukuscheln, in eine Decke gewickelt, mit einer heißen Schokolade in der Hand, und sich von der Süße und Wärme dieser zeitlosen Geschichte umfangen zu lassen. Lasst uns diesen Film als eine Einladung betrachten, die Phantasie und die kleinen Freuden, die das Leben bietet, in dieser festlichen Jahreszeit neu zu entdecken. Ein perfekter Film für Weihnachten, der uns alle daran erinnert, dass das größte Geschenk oft in den kleinsten Details verborgen liegt.

Fizzy Lifting Drinks

In *Charlie und die Schokoladenfabrik* finden sich Charlie Bucket und sein Großvater, Opa Joe, in einem Raum wieder, in dem Willy Wonka seine prickelnden Hebedrinks entwickelt. Diese Getränke sind mit einem speziellen Gas gefüllt, das so leicht ist, dass es den Trinker schweben lässt. Die Szene beginnt mit einer Erklärung von Willy Wonka über das außergewöhnliche Getränk, das Charlie und Opa Joe unbemerkt probieren, nachdem sie zurückgeblieben sind.

Nach dem Trinken des prickelnden Getränks beginnen Charlie und Opa Joe langsam zu schweben. Ihre Füße heben vom Boden ab und bald schweben sie unter der Decke. Während sie schweben, sind sie von einer Vielzahl von aufsteigenden Blasen umgeben, die ein Gefühl von Leichtigkeit und Aufregung erzeugen. Das Lachen und die Freude in ihren Gesichtern spiegeln die magische Atmosphäre wider, die oft mit Weihnachten verbunden ist – ein Moment des reinen Vergnügens und der kindlichen Freude.

Um diese magische Szene zu feiern, habe ich ein Rezept für ein sprudelndes Getränk kreiert, das zwar nicht zum Schweben bringt, aber sicherlich das Staunen und die Freude dieser Szene einfängt.

ZUTATEN FÜR CA. 850 ML

- 60 g Zucker
- 60 ml Wasser
- 350 ml Blutorangensaft
- 450 ml Sprudelwasser
- Eiswürfel

1. Zucker und Wasser in einem kleinen Topf verrühren. Zum Kochen bringen und 1–2 Minuten köcheln lassen. Vom Herd nehmen.
2. Den Saft in den Sirup einrühren und vollständig abkühlen lassen.
3. Sprudelwasser hinzufügen und mischen. Über Eis gießen.

TIPP

Mit Orangen-, Mango-, Trauben- und Ananassaft ausprobieren.

Schokoriegel-Schokoladenkuchen

Zum Film darf es auch ein bisschen mehr Schokolade sein!

FÜR 1 BACKFORM CA. 22 × 28 CM

- 400 g Butter, kalt
- 400 g dunkle Schokolade
- 6 Eier
- 4 × 51 g Schokoladenriegel mit Karamell (z. B. Mars®-Riegel), gekühlt
- 50 g Kakaopulver
- 350 g Puderzucker
- 200 g Mehl
- ½ Pck. Backpulver

1. Butter würfeln, Schokolade hacken, Eier verquirlen und Schokoriegel hacken.
2. Backofen auf 160 °C Ober-/Unterhitze vorheizen und Backform einfetten.
3. Butter und Schokolade zusammen in einem Topf schmelzen lassen. Vom Herd nehmen.
4. Kakaopulver und Puderzucker zugeben und glattrühren.
5. Eiermasse nach und nach unterrühren.
6. Mehl mit Backpulver vermengen und über die Schokoladenmischung sieben, dann verrühren.
7. Teig in die vorbereitete Backform geben.
8. Gehackte Riegel über den Teig geben und leicht eindrücken.
9. Im Ofen 60–65 Minuten backen.

Frozen – Die Eiskönigin (2013)

Frozen – Die Eiskönigin ist eine Geschichte, die die Herzen mit der Wärme der Schwesterliebe und der Erkenntnis schmelzen lässt, dass wahre Liebe in uns selbst gefunden wird. Elsas und Annas magische Reise zeigt uns, dass die stärksten Bindungen die sind, die wir mit unseren Liebsten teilen.

Arendelle-Schneeflocken-Plätzchen

Inspiriert von der zauberhaften Welt von Arendelle, bringen diese Schneeflocken-Plätzchen die Magie von *Frozen – Die Eiskönigin* direkt auf den Weihnachtstisch.

FÜR 50 STÜCK

- 250 g Butter, weich
- 250 g Speisestärke
- 100 g Mehl
- 100 g Puderzucker
- 2 Pck. Vanillezucker

AUSSERDEM

- Puderzucker zum Bestäuben

1. Alle Zutaten zu einem Teig verkneten und abgedeckt für 45 Minuten in den Kühlschrank legen.
2. Teig nochmals kurz durchkneten, zu 50 kleinen Kugeln formen und für 30 Minuten in den Kühlschrank geben.
3. Die Kugeln auf ein mit Backpapier ausgelegtes Backblech legen und etwas flach drücken. Mit einer Gabel ein Muster darauf drücken.
4. Nochmals für 30 Minuten in den Kühlschrank oder bei kalten Temperaturen nach draußen stellen.
5. Backofen auf 140 °C Ober-/Unterhitze vorheizen.
6. Kekse 10–15 Minuten backen. Sie dürfen keine Farbe bekommen, sonst werden sie trocken.
7. Nach dem Erkalten mit Puderzucker bestäuben.

The Christmas Chronicles
(2018)

The Christmas Chronicles präsentiert eine abenteuerliche Weihnachtsgeschichte, die mit Kurt Russells charismatischer Darstellung des Weihnachtsmanns die Herzen erobert. Diese Geschichte über zwei Geschwister, die eine unerwartete Nacht voller Wunder erleben, erinnert uns an die Freude und das Staunen, die Weihnachten mit sich bringt.

Christmas Popcorn

Popcorn, um die Nacht durchzumachen und den Weihnachtsmann auf frischer Tat zu ertappen!

FÜR 4 PORTIONEN

100 g Popcornmais

340 g Vanilla Candy Melts

80 g Mini-Salzbrezeln

300 g rote und grüne Schokolinsen

bunte Streusel

1. Popcorn nach Packungsanleitung zubereiten.
2. Salzbrezeln grob zerbrechen und zusammen mit den Schokolinsen unter das Popcorn mengen.
3. Vanilla Candy Melts in einer mikrowellengeeigneten Schüssel bei mittlerer Leistung in 30-Sekunden-Intervallen schmelzen, nach jedem Intervall umrühren, bis sie geschmolzen und glatt sind. Die Hälfte der geschmolzenen Candy Melts über die Popcornmischung träufeln, dann rühren, vorsichtig einige Male mit einem Gummispatel unterheben.
4. Den Rest der geschmolzenen Melts über das Popcorn träufeln und die Mischung vorsichtig umrühren, bis alles gleichmäßig überzogen ist.
5. Alles auf ein Backpapier geben, mit Streuseln bestreuen und fest werden lassen, dann vorsichtig in Stücke brechen.

LIFE IS
BETTER
WHEN
you're
EATING
POPCORN

Klaus
(2019)

Klaus weckt in uns eine ganz besondere Vorstellung vom Weihnachtsmann und erinnert daran, dass selbst die kleinste Geste der Freundlichkeit die Welt um uns herum zum Besseren wandeln kann. In dieser bezaubernden Erzählung ist es für die Kinder Tradition, eine Socke am Kamin aufzuhängen, in der Hoffnung, dass Herr Klaus sie mit Geschenken füllt. Und ein wichtiges Detail darf dabei nie vergessen werden: Ein Keks am Kaminrand ist ein Muss, ein stiller Pakt zwischen den Kindern und ihrem geheimnisvollen Wohltäter. Dieser Brauch hält die Magie am Leben und versichert, dass Herr Klaus, getrieben von der Freude, die er in die Herzen der Kinder bringt, seine wertvollen Gaben hinterlässt.

Kekse für Herrn Klaus

FÜR 8 KEKSE

- 60 g Butter, Zimmertemperatur
- 55 g brauner Zucker
- 2 EL weißer Zucker
- 1 Eigelb
- ½ TL Vanilleextrakt
- 75 g Mehl
- ¼ TL Salz
- ¼ TL Natron
- 60 g bunte Schokolinsen
- 45 g Schokoladentropfen
- 1 EL bunte Streusel

1. Backofen auf 175 °C Ober-/Unterhitze vorheizen. Ein Backblech mit Backpapier auslegen.
2. Butter, braunen Zucker und weißen Zucker in einer Schüssel 2 Minuten cremig rühren.
3. Eigelb und Vanilleextrakt hinzufügen und verrühren.
4. Mehl, Salz und Natron hinzufügen und zu einem weichen Teig verrühren.
5. Schokolinsen, Schokoladenstückchen und Streusel unterheben.
6. Den Teig in 8 gleich große Teile portionieren und zu Kugeln formen. Auf das vorbereitete Backblech legen.
7. Kekse 8–9 Minuten backen, bis die Ränder golden und die Oberseiten fest sind.
8. Kekse aus dem Ofen nehmen, noch 3–4 Minuten auf dem Backblech lassen, dann zum vollständigen Abkühlen vorsichtig auf ein Kuchengitter legen.

Noelle
(2019)

Noelle bringt frischen Wind in die klassischen Weihnachtsgeschichten, wenn Anna Kendrick als quirlige und charismatische Tochter des Weihnachtsmanns auf eine heldenhafte Mission geht. Ihre Aufgabe, den zukünftigen Weihnachtsmann – ihren Bruder – rechtzeitig zum Fest zu finden, führt sie in ein Abenteuer voller Humor, Herz und unerwarteter Wendungen.

Heiße Minze-Schokolade

Immer, wenn ich die Szene sehe, in der Anna und ihr Bruder im Café sitzen und ihre heiße Schokolade mit Minzgeschmack, extra Schokolade und extra Sprühsahne serviert bekommen, bekomme ich auch Lust darauf.

FÜR 1–2 PORTIONEN

- 240 ml Vollmilch
- 60 ml Sahne
- 2 EL Zucker
- ¼ TL Vanilleextrakt
- ⅛ TL Pfefferminzextrakt
- 1 Prise Salz
- 85 g Zartbitterschokolade, fein gehackt

TOPPING

- Sprühsahne und zerstoßene Zuckerstangen (optional)

1. In einem Topf Milch, Sahne, Zucker, Vanilleextrakt, Pfefferminzextrakt und Salz mit einem Schneebesen verrühren. Auf mittlerer Stufe erhitzen.
2. Hitze reduzieren, die Schokolade hinzufügen und weiter rühren, bis die Schokolade geschmolzen ist.
3. In eine Tasse gießen und nach Belieben mit Sprühsahne und zerstoßenen Zuckerstangen garnieren.

Weihnachtsfilme,

DIE DAS HERZ WÄRMEN

E-Mail für Dich
(1998)

E-Mail für Dich mit Tom Hanks und Meg Ryan ist eine romantische Komödie über die beiden rivalisierenden Buchhändler Kathleen und Joe, die unwissentlich eine Online-Romanze beginnen.

Wichtigster Schauplatz des Filmes ist die Upper West Side in New York mit vielen Restaurants und Imbissen. Kathleen und Joe verabreden sich zum Mittagessen in »Gray's Papaya Hot Dog Imbiss«.

Gray's Papaya Hot Dogs

FÜR 4 STÜCK

ZWIEBEL-TOPPING

- 2 Gemüsezwiebeln
- 2 Knoblauchzehen
- 2 EL Butter
- Salz
- Pfeffer
- 250 ml Wasser
- 60 ml Weißweinessig
- 2 EL Tomatenmark
- 1 EL heller Maissirup
- 1 TL Speisestärke
- ¼ TL Tabasco-Soße
- ¼ TL rosenscharfes Paprikapulver

HOT DOGS

- 4 Brühwürstchen (z. B. Wiener, Frankfurter)
- 4 Hot-Dog-Brötchen

AUSSERDEM

- Ketchup
- Senf

1. Für das Zwiebel-Topping Gemüsezwiebeln und Knoblauch fein hacken.

2. In einer Pfanne auf mittlerer bis hoher Stufe die Butter schmelzen und die Zwiebeln sowie den Knoblauch zusammen mit einigen Prisen Salz und frisch gemahlenem schwarzen Pfeffer anbraten.

3. In einer kleinen Schüssel Wasser, Essig, Tomatenmark, Sirup, Speisestärke, Tabasco und Paprikapulver verrühren.

4. Sobald die Zwiebeln karamellisiert sind, Essigmischung hinzufügen und alles zum Kochen bringen.

5. Hitze reduzieren und auf niedriger Stufe unter gelegentlichem Rühren 10–15 Minuten köcheln lassen, bis die Mischung eingedickt ist.

6. Hot-Dog-Brötchen aufschneiden. Würstchen in einer Grillpfanne grillen oder in heißem Wasser 5 Minuten erwärmen und je eines auf ein Hot-Dog-Brötchen geben. Mit Zwiebelmischung, Ketchup und Senf toppen.

Liebe braucht keine Ferien
(2006)

Als ich *Liebe braucht keine Ferien* zum ersten Mal sah, fühlte ich mich, als würde ich durch ein weihnachtlich dekoriertes Fenster in zwei Welten blicken – in ein verschneites englisches Dorf und in das sonnendurchflutete Los Angeles. Der Film erzählt die tief berührende Geschichte von zwei Frauen auf der Suche nach einer Auszeit von ihren enttäuschenden Liebesleben. Mit ihrer Entscheidung, ihr Zuhause über die Weihnachtsfeiertage jeweils mit der anderen zu tauschen, eröffnen sie sich nicht nur die Tür zu einem komplett anderen Umfeld, sondern auch zu neuen Möglichkeiten der Liebe und des Lachens.

Liebe braucht keine Ferien hat mich dazu inspiriert, Rezepte zu sammeln, die sowohl das warme, heimelige Gefühl von Weihnachten in England als auch die frische, lebendige Atmosphäre der Festtage in Kalifornien einfangen. Zwar gibt es im Film keine spezifischen Szenen, die um ein bestimmtes Gericht oder Rezept kreisen, doch der Kontrast zwischen den beiden Hauptsettings bietet reichlich Inspiration für kulinarische Begleitungen zum Film.

Traditionelle Mince Pies aus dem Rosehill Cottage

Rosehill Cottage, das gemütliche englische Landhaus aus dem Film, ist der perfekte Ort, um sich an traditionellen Weihnachtsleckereien zu erfreuen. Mince Pies sind kleine, süße Kuchen, die traditionell in der Weihnachtszeit in Großbritannien serviert werden. Sie bestehen aus einer Füllung aus getrockneten Früchten, Gewürzen und manchmal etwas Alkohol, die »mincemeat« genannt wird, obwohl sie kein Fleisch enthält.

FÜR 12 MUFFINFÖRMCHEN

MÜRBETEIG

- 300 g Mehl
- 1 Prise Salz
- 180 g Butter
- 30 g Zucker
- 60 ml Wasser

FÜLLUNG

- 250 g Äpfel
- 60 g getrocknete Aprikosen
- 60 g Rosinen
- 50 g geröstete und gehackte Haselnüsse
- 50 g getrocknete Cranberrys
- 1 TL Zimt

¼ TL geriebene Muskatnuss

1 EL Rum

150 ml Traubensaft

Saft von 1 Orange

AUSSERDEM

etwas Butter zum Auspinseln der Muffinform

1 Ei zum Bestreichen

2 EL Puderzucker

1. Mehl, Salz, Butter, Zucker und Wasser zu einem Teig verkneten, in Folie wickeln und für 1 Stunde in den Kühlschrank legen.
2. Für die Füllung Äpfel schälen und zusammen mit den Aprikosen und Rosinen fein hacken und zusammen mit den gehackten Haselnüssen, Cranberrys, Zimt, Muskatnuss, Rum, Trauben- und Orangensaft in einen Topf geben und 30 Minuten auf mittlerer Hitze köcheln lassen.
3. Fruchtmischung grob pürieren.
4. Backofen auf 170 °C Ober-/Unterhitze vorheizen.
5. Teig auf einer bemehlten Arbeitsfläche dünn ausrollen. Mit einem runden Ausstecher 12 Kreise ausstechen. (Die Ausstecher sollten etwas größer sein als der Boden der Muffinförmchen, sodass ein Rand entsteht).
6. Muffinform einfetten und den Teig in die Vertiefungen legen und leicht andrücken. Die Fruchtfüllung einfüllen. 7. Aus dem restlichen Teig Sterne ausstechen und auf die Füllung setzen.
7. Ei verquirlen und die Pies damit einpinseln. Im Ofen 25 Minuten backen. In der Form auskühlen lassen, herauslösen und mit Puderzucker bestäuben.

L.A.-Cobb-Salat

Wenn die funkelnden Lichter Los Angeles in ein weihnachtliches Wunderland verwandeln und die Palmen sanft im kühlen Dezemberwind wiegen, findet sich inmitten dieser einzigartigen Kulisse ein Gericht, das die Essenz eines kalifornischen Weihnachtsfests einfängt – der Cobb-Salat. Der Cobb-Salat, ein klassischer amerikanischer Salat, ist nach Robert Howard Cobb benannt, dem Besitzer des berühmten Hollywood-Restaurants »The Brown Derby« in den 1930er-Jahren. Der Legende nach soll Cobb den Salat eines Abends spät in der Nacht erfunden haben, als er nach einem langen Arbeitstag hungrig war und sich aus den Zutaten, die er in der Küche des Restaurants finden konnte, einen Salat zusammenstellte. Diese Kreation, so vielseitig und bunt wie die Stadt selbst, spiegelt die lebendige Mischung aus Traditionen und Kulturen wider, die L. A. zu dieser besonderen Jahreszeit prägt.

In einer Stadt, die dafür bekannt ist, Trends zu setzen und Grenzen zu überschreiten, bleibt der Cobb-Salat ein zeitloses Gericht, das Menschen zusammenbringt – sei es bei einer glamourösen Weihnachtsparty in den Hügeln von Hollywood oder bei einem besinnlichen Abendessen im Kreise der Familie.

FÜR 4 PORTIONEN

- 3 Eier
- 6 Scheiben Speck
- 400 g Hühnerbrustfilet
- 1 Kopf Eisbergsalat
- 2 Tomaten
- 150 g Blauschimmelkäse
- 3 Frühlingszwiebeln
- 1 Avocado

DRESSING

- 60 ml Wasser
- 60 ml Rotweinessig
- ¼ TL Zucker
- 1 TL Zitronensaft, frisch gepresst
- 2 TL Salz
- ¾ TL schwarzer Pfeffer
- ¾ TL Worcestershire-Soße
- ¼ TL mittelscharfer Senf
- 1 TL Knoblauch, gehackt
- 60 ml Olivenöl
- 180 ml Rapsöl

1. Für das Dressing alle Zutaten in einen Mixer geben und so lange vermischen, bis eine homogene Masse entsteht.
2. Für den Salat Eier hart kochen, abschrecken, schälen und hacken.
3. Speck in einer großen, tiefen Pfanne bei mittlerer bis hoher Hitze auslassen, bis er gleichmäßig braun ist. Abtropfen lassen und grob hacken.
4. Hühnerbrustfilet in kochendem Wasser gar kochen und fein hacken. Eisbergsalat fein hacken. Tomaten entkernen und hacken. Blauschimmelkäse zerbröseln und Frühlingszwiebeln in feine Scheiben schneiden. Avocado schälen, entkernen und würfeln.
5. Eisbergsalat auf einzelne Teller verteilen. Mit Reihen von Speck, Eiern, Hühnerfleisch, Tomaten, Blauschimmelkäse, Frühlingszwiebeln und Avocado belegen.
6. Mit dem Dressing beträufeln.

A Christmas Prince
(2017)

Als ich mich zum ersten Mal in die verschneite Welt von *A Christmas Prince* vertiefte, fühlte ich mich sofort in ein märchenhaftes Winterwunderland versetzt, das mich mit jeder Flocke, die sanft auf das fiktive Königreich Aldovia herabschwebte, mehr verzauberte. Dieser Film, der 2017 Premiere feierte und schnell zu einem festen Bestandteil der weihnachtlichen Filmtradition vieler wurde, ist eine Geschichte voller Herz, Hoffnung und der überraschenden Wendungen, die das Leben – und die Liebe – manchmal für uns bereithalten. Es ist eine Erinnerung daran, dass manchmal die besten Geschenke nicht unter dem Baum zu finden sind, sondern in den unerwarteten Momenten des Lebens und in den Verbindungen, die wir mit anderen knüpfen. Mit seiner idyllischen Schneelandschaft, den festlich geschmückten Hallen und der herzerwärmenden Romanze bietet der Film eine perfekte Flucht in eine Welt, in der Weihnachtsträume wahr werden.

»Rudy's Diner« ist ein Diner in New York City, der traditionelle New Yorker Küche und mexikanische Gerichte serviert. Ursprünglich von Elleri und Rudy Moore eröffnet, wird der Diner nach dem Tod von Elleri von Rudy weitergeführt – mit gelegentlicher Hilfe seiner Tochter Amber, der Königin von Aldovia.

Corn Dogs – Würstchen im Schlafrock

Die beliebten Corn Dogs aus »Rudy's Diner« isst Amber besonders gern.

FÜR 8 STÜCK

- 100 g Weizenmehl
- 150 g Maismehl
- 1 Ei
- 200–220 ml Milch
- 1 TL Backpulver
- 1 TL Salz
- 1 TL edelsüßes Paprikapulver
- 1 EL brauner Zucker
- 4 Prisen Cayennepfeffer
- 4 Wiener Würstchen

AUSSERDEM

- 8 Schaschlikspieße
- etwas Mehl zum Wenden der Würstchen
- 1 l Sonnenblumenöl

1. Weizenmehl, Maismehl, Ei, Milch, Backpulver, Salz, Paprikapulver, Zucker und Cayennepfeffer zu einem festen Teig verrühren.
2. Würstchen in der Mitte halbieren.
3. Etwas Mehl auf einen flachen Teller geben.
4. Würstchenhälften auf die Holzspieße stecken und in Mehl wenden. Dann in den vorbereiteten Backteig tauchen und gleichmäßig mit dem Teig ummanteln.
5. Sonnenblumenöl in einem Topf oder in der Fritteuse auf 170 °C erhitzen.
6. Die Würstchenspieße einzeln in das heiße Fett legen. Gleichmäßig frittieren, bis sie goldgelb sind, dabei drehen.
7. Die gebackenen Corn Dogs im Korb der Fritteuse oder auf einem Gitter abtropfen lassen.

TIPP

Die Corn Dogs mit Ketchup und Weißkrautsalat servieren.

Mexikanisches Chili

Das Lieblingsessen von Ambers verstorbener Mutter Elleri.

FÜR 2 PORTIONEN

- 500 g Rinderfilet
- 2 rote Zwiebeln
- 3 Knoblauchzehen
- 1 rote Paprikaschote
- 2 große getrocknete oder frische Chilischoten (je nach gewünschter Schärfe, z. B. Ancho, Pasilla oder Guajillo)
- Speiseöl
- 3 EL Tomatenmark
- 400 g geschälte Tomaten (Dose)
- 1 TL Kreuzkümmel
- 1 TL Oregano
- ½ TL Paprikapulver
- Salz
- schwarzer Pfeffer
- 300 ml Rinderbrühe
- ca. 400 g (Dose) rote Kidneybohnen (optional, nicht jeder verwendet Bohnen in einem traditionellen mexikanischen Chili)
- frischer Koriander

1. Rinderfilet in kleine Stücke schneiden. Zwiebeln und Knoblauch häuten und fein würfeln. Paprikaschote klein würfeln.
2. Chilischoten entkernen. Bei Verwendung von getrockneten Chilischoten, diese in heißem Wasser etwa 20 Minuten einweichen lassen, dann abgießen und fein hacken.
3. In einem großen Topf etwas Öl erhitzen. Die Fleischstücke kräftig anbraten, bis sie schön braun sind. Das Fleisch aus dem Topf nehmen und beiseitestellen.
4. Im selben Topf die Zwiebeln, Knoblauch und Paprika mit etwas zusätzlichem Öl anbraten, bis sie weich sind.
5. Fleisch zurück in den Topf geben. Die Chilis, Tomatenmark und Dosentomaten hinzufügen. Kreuzkümmel, Oregano, Paprikapulver, Salz und Pfeffer einrühren.
6. Rinderbrühe angießen, sodass alles leicht bedeckt ist.
7. Das Chili zum Kochen bringen, dann die Hitze reduzieren und mindestens 1 Stunde langsam köcheln lassen, bis die Soße eingedickt ist. Für ein intensiveres Aroma kann das Chili auch länger gekocht werden.
8. Falls verwendet, die Kidneybohnen abgießen, abspülen und 30 Minuten vor Ende der Kochzeit zum Chili geben.
9. Mit frischem Koriander garnieren.

TIPP

Etwas Crème fraîche dazu servieren.

Tatsächlich … Liebe
(2003)

Tatsächlich … Liebe ist einer dieser Filme, die mir persönlich viel bedeuten. In diesem modernen Klassiker verweben sich verschiedene Liebesgeschichten zu einem festlichen Mosaik, das die Vorweihnachtszeit in London einfängt. Es ist die Vielfalt der Geschichten – von romantischer Liebe über familiäre Bindungen bis hin zur Selbstliebe –, die diesen Film so besonders macht. Es ist ein Film, der mich lachen und weinen lässt und mich jedes Mal mit einem Gefühl der Dankbarkeit und Verbundenheit zurücklässt.

Banoffee Pie

Auf dem Sofa liegen, *Tatsächlich … Liebe* schauen und Banoffee Pie essen. Der Banoffee Pie hat nämlich einen köstlichen Auftritt im Film, als Juliet vor Marks Tür steht.

FÜR 1 SPRINGFORM
Ø 24 CM

BELAG

- 400 ml gezuckerte Kondensmilch (Dose)
- 200 ml Schlagsahne
- 1 Packung Sahnesteif
- 200 g Crème fraîche
- 3 große Bananen
- 40 g Zartbitterschokolade

BODEN

- 200 g Butterkekse
- 100 g Butter

1. Kondensmilchdose in einen Topf geben und für 2,5 Stunden bei geringer Hitze im Wasserbad sieden lassen.
2. Für den Boden die Kekse in einen Gefrierbeutel geben und mit einem Nudelholz zu Bröseln zerkleinern. Butter in einem Topf schmelzen lassen, dann mit den Keksbröseln vermengen und in eine gefettete Springform als Boden mit Rand (Höhe ca. 2 cm) festdrücken.
3. Für 20 Minuten im Kühlschrank kalt stellen.
4. Die Sahne mit Sahnesteif steif schlagen. Crème fraîche vorsichtig unterrühren.
5. Bananen schälen und in Scheiben schneiden. Schokolade raspeln.
6. Die Kondensmilchdose öffnen und das entstandene Toffee auf dem Keksboden verteilen. Mit den Bananenscheiben belegen und die Sahnecreme darüber verstreichen. Mit der geraspelten Schokolade garnieren.

48 SICHERHEITS-ZÜ

Bridget Jones
Schokolade zum Frühstück (2001)

Als ich zum ersten Mal *Bridget Jones – Schokolade zum Frühstück* sah, fühlte ich mich sofort mit Bridget verbunden – eine Person, die mit einer guten Mischung aus Witz, Charme und einer ordentlichen Portion Chaos durch das Leben navigiert. Der Film erzählt nicht nur von den turbulenten Liebesgeschichten der unvergesslichen Bridget, sondern auch von den täglichen Herausforderungen, denen wir uns alle stellen müssen: von Selbstakzeptanz, der Suche nach Liebe und dem Streben nach einem erfüllten Leben.

Was mich an Bridget Jones so fasziniert, ist die ehrliche und humorvolle Art, wie der Film mit Themen wie Selbstzweifel, unerwiderte Liebe und die Tücken des Erwachsenseins umgeht. Bridget ist weit entfernt von der perfekten Protagonistin, die man so oft in romantischen Komödien sieht. Stattdessen ist sie herrlich fehlerhaft, entschlossen und vor allem: echt. Ihre Tagebucheinträge, die von peinlichen Missgeschicken bis hin zu tiefen Einsichten reichen, haben mich zum Lachen und manchmal sogar zum Weinen gebracht.

Truthahn-Curry

Der Film startet direkt in der Weihnachtszeit und beginnt mit Bridgets »absolutem Leibgericht«: Truthahn-Curry.

FÜR 4 PORTIONEN

- 1 gelbe Paprikaschote
- 1 Knoblauchzehe
- 1 Zwiebel
- 3 EL Speiseöl
- 800 g Putenfilet
- Salz
- Pfeffer
- 1 EL Currypulver
- 400 ml Kokosmilch
- 1 EL gelbe Currypaste
- 2 Frühlingszwiebeln

1. Paprika entkernen und in kleine Stücke schneiden. Knoblauch und Zwiebel häuten und fein würfeln. Putenfilet in mundgerechte Stücke schneiden.
2. Öl in einer Pfanne erhitzen und Knoblauch- und Zwiebelwürfel darin anschwitzen. Putenstücke dazugeben und anbraten. Mit etwas Salz und Pfeffer würzen. Currypulver hinzufügen und kurz mitrösten.
3. Paprikastücke dazugeben, gut umrühren.
4. Mit Kokosmilch ablöschen, Currypaste hineinrühren und 5 Minuten einkochen lassen. Frühlingszwiebeln in Ringe schneiden und über das Curry streuen.
5. Als Beilage passt am besten Reis.

Bridgets blaue Lauchsuppe

Die blaue Suppe ist nicht nur ein unvergesslicher kulinarischer Fauxpas, sondern auch ein perfektes Symbol für Bridgets liebenswert chaotisches Leben. Die denkwürdige Szene, in der Bridget versucht, ein anspruchsvolles Abendessen für ihre Freunde zu kochen, endet mit einer leuchtend blauen Suppe – ein Ergebnis, das weit von dem entfernt ist, was man normalerweise unter einer appetitlichen Vorspeise versteht. Doch genau hier zeigt sich Bridgets wahre Stärke: ihre Fähigkeit, mit Humor und Anmut auf die Unvollkommenheiten des Lebens zu reagieren. Anstatt sich von der misslungenen Suppe entmutigen zu lassen, lacht Bridget – zusammen mit ihren Freunden – über das Missgeschick. So süß diese Szene auch war, man muss keine Kochschule besucht haben, um zu wissen, dass die blaue Suppe nicht unbedingt zum Verzehr geeignet ist. Deshalb wird hier mit Spirulina gefärbt.

FÜR 4 PORTIONEN

- 2 Lauchstangen
- 3 Kartoffeln
- 1 Zwiebel
- 2 EL Olivenöl
- 1 kleiner Bund frischer Thymian, mit Bindfaden umwickelt
- 1 Lorbeerblatt
- 1 l Gemüsebrühe
- 1 TL Spirulina
- 100 ml Sahne

1. Lauchstangen putzen und fein hacken, Kartoffeln schälen und würfeln. Zwiebel häuten und würfeln.
2. In einem großen Suppentopf das Olivenöl erhitzen.
3. Zwiebel und Lauch hinzufügen und bei mittlerer Hitze unter Rühren 8 Minuten anbraten. Kartoffelwürfel, Thymianbund und Lorbeerblatt dazugeben, weitere 5 Minuten anbraten.
4. Mit Brühe ablöschen und Suppe 15–20 Minuten köcheln lassen, bis die Kartoffeln gar sind.
5. Lorbeerblatt und Thymian entfernen. Spirulina und Sahne einrühren und alles pürieren.

Mein Schatz, unsere Familie und ich

(2008)

In *Mein Schatz, unsere Familie und ich* sehen sich Brad und Kate jedes Jahr aufs Neue mit der Herausforderung konfrontiert, den Einladungen zu den Weihnachtsfeiern ihrer geschiedenen und wieder neu verheirateten Eltern zu entgehen. In diesem besonderen Jahr haben sie sich die Fidschi-Inseln als Zufluchtsort auserkoren. Doch ihre heimliche Flucht wird durch eine zufällige Begegnung mit einem Fernsehteam vereitelt, und plötzlich sieht sich das Paar mit der Aufgabe konfrontiert, doch alle vier Familien zu besuchen und an deren einzigartigen, oft chaotischen Weihnachtsfeiern teilzunehmen.

Horsd'oeuvre mit Frischkäsemousse und Honignüssen

Bei ihrem ersten Familienbesuch werden Kate und Brad erst einmal Horsd'oeuvre angeboten: Kräcker mit Sprühkäse. Kein kulinarisches Meisterwerk, aber immerhin ein Anfang. Das geht auch besser.

FÜR 16 STÜCK

- 3 EL flüssiger Honig
- 1 EL Aceto balsamico
- 16 Walnusskerne
- 100 g Mascarpone
- 100 g Frischkäse
- Salz, Pfeffer
- 16 Cracker
- Schnittlauch, gehackt, zum Garnieren

1. Honig und Essig in einer kleinen Pfanne aufkochen, Hitze reduzieren und 5 Minuten sirupartig einköcheln.
2. Walnusskerne zugeben, unterrühren. Auf einem Backpapier verteilen und auskühlen lassen.
3. Mascarpone und Frischkäse gut verrühren, mit Salz und Pfeffer würzen und in einen Spritzbeutel mit gezackter Tülle geben.
4. Mousse auf die Cracker spritzen, mit den Nüssen und gehacktem Schnittlauch garnieren.

Überbackene Mortadella-Sandwiches

Als festliches Abendessen gibt es in diesem Jahr kein Kokoda oder Rourou in Fidschi – stattdessen werden überbackene Mortadella-Sandwiches serviert, die aber genauso lecker sind.

FÜR 4 PORTIONEN

- 4 Baguettebrötchen
- 20 Kirschtomaten
- 4 Frühlingszwiebeln
- 1 Bio-Zitrone
- 200 g Ricotta
- 20 g geriebener Parmesan
- 1 EL Olivenöl
- Salz
- 240 g italienische Mortadella (hauchfein geschnitten)
- 4 Scheiben Butterkäse

1. Baguettebrötchen nach Packungsanweisung aufbacken. Kirschtomaten halbieren. Frühlingszwiebeln putzen und das Weiße und Hellgrüne in Ringe schneiden. Zitrone heiß abwaschen, Schale fein abreiben und die Hälfte der Zitrone auspressen.
2. Baguettebrötchen waagrecht halbieren.
3. Backofen auf 220 °C Ober-/Unterhitze vorheizen.
4. Ricotta, Parmesan, Zitronenschale, Zitronensaft, Olivenöl und eine Prise Salz in eine Schüssel geben und zu einer glatten Masse verrühren. Die Brötchenhälften damit einstreichen, dann mit Mortadella, Käse und einigen Tomatenhälften und Frühlingszwiebeln belegen.
5. Im heißen Ofen ca. 6–8 Minuten überbacken.

Prinzessinnentausch

(2018)

Süß, herzerwärmend und mit genau der richtigen Menge an Überraschung.

Eine bodenständige Bäckerin aus Chicago und eine angehende Prinzessin – ihre Entscheidung, für kurze Zeit die Rollen zu tauschen, führt uns auf eine Reise voller Romantik, festlicher Freuden und unvermeidlicher Missverständnisse, gewürzt mit einem Hauch von Humor.

In der Vorweihnachtszeit gibt es in »Stacy's Sweets & Treats«, der gemütlichen Bäckerei von Stacy in Chicago, viel zu tun und viel zu kosten. Die Bäckerei ist bekannt für ihre liebevoll gestalteten, weihnachtlich verzierten Kuchen und Kekse, die während der Festtage über den Ladentisch gehen. Doch manchmal sind die einfachen Dinge die besten. So sieht das auch Stacys Patentochter, die am liebsten die buttrigen Zuckerkekse isst.

Zuckerkekse

FÜR CA. 40 STÜCK

- 250 g Mehl
- ½ Pck. Backpulver
- 50 g Rohrzucker
- 60 g Zucker
- 1 Prise Salz
- 125 g Crème fraîche
- 100 g Butter, weich

AUSSERDEM

- etwas Rohrzucker zum Bestreuen

1. Mehl mit Backpulver vermengen und in eine Schüssel sieben.
2. Rohrzucker, Zucker, Salz, Crème fraîche und Butter zugeben und mit dem Handrührgerät zu einem Teig verkneten.
3. Teig teilen und auf einer bemehlten Arbeitsfläche zu zwei 4 cm dicken Rollen formen. Rollen für eine Stunde in den Kühlschrank geben.
4. Backofen auf 180 °C Ober-/Unterhitze vorheizen und zwei Backbleche mit Backpapier auslegen.
5. Teigrollen je in 4 mm dicke Scheiben schneiden, auf den Backblechen verteilen und mit etwas Rohrzucker bestreuen. Im Ofen 12 Minuten goldbraun backen.

happy holiday
ERRY CHRISTMAS

Lebkuchenkekse der Herzogin

Der Prinz war begeistert und verwundert zugleich, als die Herzogin ihm die leckeren Lebkuchenkekse anbot, die sie selbst gebacken hatte. Eine Herzogin, die backen kann? Zu diesem Zeitpunkt wusste der Prinz noch nicht, dass er sich eigentlich in die Bäckerin aus Chicago verliebt hatte, die für kurze Zeit die Rolle der Herzogin übernommen hatte. Diese romantische Verwechslung ist ein Herzstück des Films *Prinzessinnentausch*, der zeigt, wie die einfachen Freuden des Lebens – wie selbstgebackene Kekse – echte Gefühle und Verbindungen schaffen können.

FÜR CA. 30 STÜCK (JE NACH GRÖSSE DER AUSSTECHER)

- 250 g Honig
- 120 g brauner Zucker
- 80 g Butter, Zimmertemperatur
- 500 g Mehl
- 2 TL Lebkuchengewürz
- 1 EL Kakaopulver
- 1 Ei
- 1 EL Pottasche
- 2 EL Wasser

DEKORATION

- Puderzucker
- Lebensmittelfarben

1. Honig und braunen Zucker in eine Schüssel geben und über einem Wasserbad verrühren, bis sich der Zucker vollständig aufgelöst hat. Masse etwas abkühlen lassen, zusammen mit der Butter in eine Schüssel geben und verrühren.
2. Mehl, Lebkuchengewürz und Kakaopulver sieben und unter die Buttermischung rühren. Ei unterrühren.
3. Pottasche und Wasser verquirlen, zum Teig geben und unterrühren.
4. Teig in Klarsichtfolie wickeln und mindestens 2 Stunden (am besten über Nacht) in den Kühlschrank stellen.
5. Backofen auf 200 °C Ober-/Unterhitze vorheizen.
6. Teig auf einer bemehlten Arbeitsfläche ausrollen, Motive ausstechen und auf ein mit Backpapier ausgelegtes Backblech legen. Im Ofen 10 Minuten backen und vollständig auskühlen lassen.
7. Mit Zuckerguss dekorieren. Dazu Puderzucker mit Lebensmittelfarbe und etwas Wasser zu einer dickflüssigen Glasur rühren und in einen Spritzbeutel füllen.

Prinzessinnentausch-Pancakes

Als die Pancakes ins Spiel kommen, offenbart sich die wahre Meisterin der Küche. Die Lieblingspatentochter merkt sofort, ob die echte Stacy oder die Herzogin, mit der sie die Rollen getauscht hat, in der Küche steht und Pancakes zum Frühstück zubereitet.

FÜR 4 PORTIONEN

200 g Mehl
2 TL Backpulver
1 EL Zucker
Salz
3 Eier
25 g Butter, geschmolzen
200 ml Milch

AUSSERDEM

2 EL Butter
1 EL Speiseöl

1. Mehl, Backpulver, Zucker und eine Prise Salz vermengen. Eine Mulde formen, Eier, geschmolzene Butter und Milch hinzufügen und mit einem Schneebesen oder Handmixer verrühren, bis der Teig glatt ist.
2. In einer Pfanne Butter und Öl erhitzen. Teig portionieren und von jeder Seite 1–2 Minuten goldbraun backen.
3. Dazu schmecken etwas Ahornsirup, frische Beeren und Frischkäse.

Last Christmas
(2019)

Als der Schnee über London fällt und die Lichter der Stadt in festlichem Glanz erstrahlen, entfaltet *Last Christmas* seine zauberhafte Geschichte. Inspiriert von George Michaels unvergesslichem Lied zeigt uns dieser Film Emilia Clarke in der Rolle der etwas verlorenen, aber liebenswerten Kate, deren Leben eine überraschende Wendung nimmt, als sie Tom trifft. Ihre Begegnung ist der Beginn einer Entdeckungsreise – nicht nur der Liebe, sondern auch tiefer persönlicher Einsichten und der unermesslichen Kraft der Güte.

Roter Markt-Smoothie

Kate trinkt, während sie über den Markt schlendert, einen roten Smoothie, dem ich unbedingt ein weihnachtliches Gewand geben wollte.

FÜR 4 PORTIONEN

- 3 Mandarinen
- 1 Orange
- 2 Äpfel
- 2 Datteln
- 1 Feige
- 100 g Blaubeeren
- 1 Nelke
- 1 Prise Zimt
- 1 Prise Kardamom
- 700 ml roter Traubensaft
- 1 Schuss Rum (optional)

1. Die Mandarinen und die Orange schälen, die Äpfel und Datteln entkernen und in Stücke schneiden. Feige halbieren.
2. Alle Zutaten zusammen in den Mixer geben und so lange Traubensaft zugießen, bis die gewünschte Konsistenz erreicht ist.

Kates Burger

Da Kate während des Films den ein oder anderen Burger – wie sie sagt: »widerlichen Burger« – verspeist, habe ich für euch einen richtigen Weihnachtsburger kreiert.

FÜR 4 BURGER

CRANBERRY-SOSSE

- 250 g Cranberrys
- 100 g Rohrohrzucker
- 120 ml trockener Rotwein
- 1 Prise Zimt
- 1 Prise Ingwer
- Saft von ½ Zitrone

RÖSTI

- 6 mehligkochende Kartoffeln
- 1 Zwiebel
- Pfeffer
- Salz
- 2 Eiweiß
- 4 EL Speiseöl

AUSSERDEM

- 4 Burger-Buns
- 100 g Rucola
- 8 Scheiben Raclette-Käse
- 250 g Serranoschinken, in Scheiben

1. Für die Soße die Cranberrys mit Zucker und Zitronensaft in einen Topf geben und unter Rühren 20 Minuten köcheln lassen. Rotwein zugießen, Gewürze und Zitronensaft zugeben und 10 Minuten köcheln lassen, etwas abkühlen lassen.
2. Für die Rösti Kartoffeln fein raspeln, Zwiebel fein hacken und zusammen mit Salz, Pfeffer und Eiweiß zu den Kartoffeln geben und mit den Händen verkneten. Teig 30 Minuten in den Kühlschrank stellen.
3. Teig zu 4 Rösti formen. Öl in einer Pfanne erhitzen und die Rösti von beiden Seiten knusprig braten.
4. Burger-Buns aufschneiden und kurz im Ofen erwärmen. Mit Cranberry-Soße bestreichen und mit Rucola, Rösti, Käse und Schinken belegen.

Albas Weihnachts-Tiramisu

Alba serviert Kate, Marta, Ivan und Petra eine große Schüssel Tiramisu, das Petra als »lesbischen Nachtisch« bezeichnet. Zu Weihnachten kann das Tiramisu nicht schöner sein, oder? Und die Weihnachtsdekoration beschert uns eine extra Portion Schokolade. Innen warten ein Kirschkompott und eine Mascarponecreme … Süßer die Glocken nie klingen …!

FÜR 4 PORTIONEN

150 ml heißer Espresso
1 TL gemahlener Zimt
1 Glas Sauerkirschen (ca. 680 g)
1 EL Speisestärke
1 TL Vanilleextrakt
200 g Marzipanrohmasse
6 EL Amaretto
750 g Mascarpone
100 g Puderzucker
300 g Löffelbiskuits

Außerdem
200 g Vollmilchkuvertüre
Kakaopulver
Zuckerstreusel

1. Espresso mit Zimt verrühren. Kirschen abgießen, Saft auffangen.
2. 4 EL Kirschsaft mit der Speisestärke verrühren. Übrigen Saft mit Vanilleextrakt aufkochen lassen, Stärkemischung unterrühren, vom Herd nehmen, Kirschen unterrühren und auskühlen lassen.
3. Marzipan würfeln und mit 6 EL Amaretto zu einer Paste verrühren, Mascarpone und Puderzucker zugeben und verrühren.
4. Die Hälfte der Löffelbiskuits in den Zimt-Espresso tunken und auf den Boden einer Auflaufform legen. Die Hälfte der Mascarponecreme darauf verstreichen. Kirschkompott darauf verteilen.
5. Restliche Löffelbiskuit in den Espresso tunken und auf dem Kirschkompott verteilen. Restliche Mascarponecreme daraufgeben und glatt streichen.
6. Tiramisu am besten über Nacht im Kühlschrank durchziehen lassen.
7. Am nächsten Tag die Kuvertüre in Streifen schneiden. Kakaopulver über das Tiramisu sieben und mit der Kuvertüre einen Tannenbaum dekorieren. Mit Streuseln verzieren.

Weihnachten zu Hause
(2019)

Dieser norwegische Serienhit, der uns in die verschneiten Straßen und das pulsierende Herz des skandinavischen Winters entführt, ist eine bezaubernde Erinnerung daran, dass die Feiertage weit mehr sind als nur eine Zeit der Geschenke und des Glanzes.

Im Zentrum der Serie steht Johanne, eine 30-jährige Krankenschwester, die sich dem alljährlichen Druck ausgesetzt sieht, zu den Feiertagen »nicht allein« zu sein. Getrieben von der Sehnsucht, ihren besorgten Familienmitgliedern zu beweisen, dass sie ein erfülltes Liebesleben führt, begibt sich Johanne auf eine humorvolle, oft chaotische Reise, um den perfekten Partner für das Weihnachtsessen zu finden. Ihre Abenteuer spiegeln eine tiefe menschliche Wahrheit wider: das universelle Verlangen nach Bindung, Anerkennung und wahrer Liebe.

Glögg

Rentier-Knut und Johanne gönnen sich am Abend vor Weihnachten auf dem Weihnachtsmarkt erst einmal den besten Glühwein.

FÜR 4 GLÄSER

- 30 g Rosinen
- 750 ml trockener Rotwein
- 400 ml Madeira (Süßwein)
- 60 g Zucker
- 2 Pck. Bourbon-Vanillezucker
- abgeriebene Schale von 1 Bio-Orange
- 1 Zimtstange
- 30 g ganze geschälte Mandeln

1. Rosinen waschen und trocken tupfen.
2. Rotwein, Madeira, Rosinen, Zucker, Vanillezucker, Orangenschale und 1 Zimtstange in einen Topf geben und 15 Minuten auf mittlerer Hitze köcheln.
3. Mandeln in den Glühwein geben und heiß servieren.

Risgrøt

Johanne hat es am Heiligen Abend nicht leicht und steht kurz vor einem Nervenzusammenbruch, als sie beim Kochen versagt. Der Milchreis – auf Norwegisch: Risgrøt – brennt an, und eine Mandel zu kaufen, die traditionell zum Milchreis gehört, hat sie auch vergessen. Denn demjenigen, der die Mandel findet, wird für das neue Jahr eine Heirat prophezeit.

Am Ende wird aber alles gut. Mandel gekauft, Milchreis geliefert.

FÜR 4 PORTIONEN

400 ml Wasser
150 g Milchreis
1 l Vollmilch
½ TL Salz
Zimt
Zucker
Butter
1 Mandel

1. Milchreis mit Wasser und Salz in einen Topf geben und zum Kochen bringen. Kochen lassen, bis das Wasser absorbiert ist. Immer wieder umrühren.
2. Milch zugießen und 35 Minuten auf kleiner Hitze köcheln lassen. Dabei ständig umrühren.
3. Eine Mandel im Milchreis verstecken.
4. Vor dem Servieren Milchreis mit Zucker und Zimt bestreuen und ein kleines Stück Butter auflegen.

Holidate
(2020)

»Scheißweihnachten …«, so beginnt *Holidate*.

Der Film entführt uns mit einer Prise Humor und einer großen Portion Romantik in das chaotische Weihnachtsfest zweier Singles, Sloane und Jackson, die dem Festtagsdruck auf unkonventionelle Weise entfliehen wollen. Diese romantische Komödie, die die Höhen und Tiefen der Feiertage mit einem Augenzwinkern betrachtet, ist eine moderne Liebesgeschichte, die zeigt, dass manchmal die unerwartetsten Entscheidungen zu den schönsten Überraschungen führen können.

Süßkartoffelauflauf mit Marshmallows

Gegessen und getrunken wird eine Menge in Holidate. Neben Jacksons »Grünem Smoothie«, der bei Sloane »Ich muss gleich kotzen« auslöst, über Weihnachtskekse bis hin zu festlichen Speisen für die Feiertage. Da darf der Süßkartoffelauflauf mit Marshmallows nicht fehlen.

FÜR 4 PORTIONEN

- 250 g Süßkartoffeln
- 100 g Pekannüsse
- 6 EL Ahornsirup
- 60 g Butter
- 1 TL Vanilleextrakt
- 80 g brauner Zucker
- 1 TL Zimt
- 1 Prise Muskatnuss
- 1 TL Salz
- 3 Eier
- 60 g Marshmallows

1. Süßkartoffeln schälen, in grobe Würfel schneiden und in kochendem Wasser garen, dann abseihen. Pekannüsse grob hacken.
2. Backofen auf 190 °C Ober-/Unterhitze vorheizen. Eine Auflaufform einfetten.
3. Süßkartoffeln zerstampfen und mit Ahornsirup, Butter, Vanilleextrakt, Zucker und Zimt vermengen. Mit Muskatnuss und Salz abschmecken. Eier mit einem Schneebesen unterheben. Die Hälfte der Nüsse unterheben.
4. Süßkartoffelbrei in die Auflaufform geben und glattstreichen.
5. Restliche Nüsse und Marshmallows darüberstreuen. Im Ofen 20 Minuten backen, bis die Marshmallows leicht braun werden.

STAUB
STAUB

Fröhliche
FESTTAGSKOMÖDIEN

Die Geister, die ich rief …
(1988)

Die Geister, die ich rief … mit Bill Murray als dem unvergleichlich zynischen Frank Cross fängt den Geist von Dickens' Weihnachtsgeschichte auf eine Weise ein, die sowohl modern als auch zeitlos ist. Diese Adaption, gespickt mit schwarzem Humor und tiefgreifenden Momenten, zeigt uns, dass selbst die härtesten Herzen die Chance auf Erlösung haben.

Franks Highball

Frank Cross trinkt gerne mal einen »Tab and Vodka Highball«. Das ist ein einfacher Cocktail aus Wodka, gemischt mit »Tab«-Cola, einem Diät-Cola-Getränk, das in den 1960er-Jahren von Coca-Cola eingeführt wurde. Der Drink wird typischerweise in einem hohen Glas serviert, daher der Name »Highball«. Tab-Cola wird seit 2020 nicht mehr hergestellt.

FÜR 1 DRINK

- 60 ml Wodka
- Cola Zero zum Auffüllen
- Eiswürfel
- Bio-Zitronen- oder Bio-Limettenschale (optional)

1. Ein hohes Glas mit Eiswürfeln füllen.
2. Wodka über das Eis gießen und mit Cola auffüllen.
3. Leicht umrühren und optional mit einer Zitronen- oder Limettenschale garnieren.

Kevin – Allein zu Haus
(1990)

Jedes Mal, wenn ich *Kevin – Allein zu Haus* sehe, fühle ich mich zurückversetzt in die unbeschwerten Tage meiner Kindheit, in denen das größte Abenteuer darin bestand, das Haus für mich allein zu haben. Kevins Geschichte – ein achtjähriger Junge, der von seiner Familie zu Weihnachten zu Hause vergessen wird – ist nicht nur ein Fest des Einfallsreichtums, sondern auch eine Erinnerung an den Mut und die Findigkeit, die wir als Kinder besaßen. Die Art und Weise, wie Kevin sein Haus gegen zwei tollpatschige Einbrecher verteidigt, ist nichts weniger als episch und bringt mich jedes Mal zum Lachen.

Little Neros Weihnachts-Pizza

Wer erinnert sich nicht an den Moment in *Kevin – Allein zu Haus*, als der kleine Kevin endlich die Freiheit hat, alles zu tun, was er will – einschließlich des Bestellens seiner Lieblingspizza, ganz für sich allein? In Anlehnung an diesen Klassiker präsentiere ich ein Pizza-Rezept, das nicht nur Kinderherzen höherschlagen lässt.

FÜR 1 PIZZA

- 1 fertiger runder Pizzateig
- 125 ml Tomatensoße
- 200 g geriebener Mozzarella-Käse
- Beläge nach Wahl
- Mini-Peperoni
- gebratene Hühnchenstücke
- eine Handvoll Mais
- einige Scheiben frischer Mozzarella

1. Den Ofen auf 200 °C Ober-/Unterhitze vorheizen.
2. Den Pizzateig auf einem Backblech ausrollen, mit einem großen Kreisausstecher (Ø ca. 12 cm) oder einem scharfen Messer aus der Mitte des Teiges ein Loch ausschneiden. Den ausgestochenen Teig in Streifen schneiden und als äußeren Rand auf den Pizzateig legen oder kleine Pizzabrötchen formen.
3. Teig mit der Tomatensoße bestreichen, dann mit dem geriebenen Mozzarella bestreuen.
4. Mit den gewünschten Zutaten belegen und die Pizza im vorgeheizten Ofen etwa 12–15 Minuten backen.

Kevins Mikrowellen-Macaroni-and-Cheese

Ein schnelles Gericht, das Kevin sich zubereiten will, bevor er unterbrochen wird. Pünktlich um neun Uhr ertönt die Standuhr, und mit gestärkter Entschlossenheit widmet er sich dem bevorstehenden nächtlichen Abenteuer. Dieses köstliche »Mac and Cheese« habe ich für euch nachgekocht, ganz ohne Mikrowelle, aber fast genauso schnell.

FÜR 2 PORTIONEN

- 50 g Panko-Paniermehl
- 300 g Pasta
- 3 EL Butter
- 1 ½ EL Mehl
- 100 ml Vollmilch
- 1 TL Senf
- 1 TL Knoblauchpulver
- 1 Prise Salz
- 60 g geriebener Cheddar
- 60 g geriebener Gruyère
- 60 g geriebener Gouda

1. Panko in einer Pfanne ohne Fettzugabe anrösten und zur Seite stellen.
2. Pasta al dente kochen.
3. Währenddessen in einer Pfanne Butter langsam bei mittlerer Hitze schmelzen lassen. Dann Mehl beifügen und kurz umrühren.
4. Hitze reduzieren und die Milch unterrühren, dann Senf, Knoblauchpulver und Salz unterrühren.
5. Danach die Käsesorten nach und nach unterrühren.
6. Alles gut umrühren, bis der Käse komplett geschmolzen und eine cremige Soße entstanden ist.
7. Pasta abseihen und ein Glas Nudelwasser auffangen. Pasta mit einigen Löffeln Nudelwasser zur Soße geben und gut durchmischen, bis die gewünschte Konsistenz erreicht ist (bei Bedarf mehr Nudelwasser unterrühren).
8. Auf Tellern anrichten und mit dem gerösteten Panko garnieren.

Fröhliche Weihnachten, Mr. Bean
(1992)

Fröhliche Weihnachten, Mr. Bean zeigt auf einzigartige Weise, dass die Freude oft in den einfachsten Dingen liegt. Der Film spielt in England und zeigt Mr. Bean bei verschiedenen vorweihnachtlichen Aktivitäten, einschließlich Szenen auf einem Weihnachtsmarkt und bei der Zubereitung eines Weihnachtsessens (Mr. Bean versucht sich an einem Roast Turkey, allerdings mit chaotischen und humorvollen Ergebnissen, inklusive dem berühmten Kopf-im-Truthahn-Moment).

Rosenkohl mit Maronen und Speck

Rosenkohl ist eine beliebte Beilage in England zur Weihnachtszeit, gerne zum Truthahn (Rezept Seite 50).

FÜR 4 PORTIONEN

- 400 g Rosenkohl, geputzt
- 6 Scheiben geräucherter durchwachsener Speck, in Scheiben
- 200 g vakuumverpackte Kastanien
- 50 g Butter
- Salz
- Pfeffer

1. Einen Topf mit Salzwasser zum Kochen bringen, Rosenkohl zugeben, aufkochen lassen und 5 Minuten köcheln lassen. Abseihen, unter kaltem Wasser abspülen und gut abtropfen lassen.
2. In einer beschichteten Pfanne den Speck auf mittlerer Hitze beidseitig goldbraun und knusprig braten, herausnehmen und dann grob hacken. Kastanien in derselben Pfanne auf hoher Hitze 5 Minuten anbraten, dann herausnehmen.
3. Rosenkohl mit einem Schuss Wasser in die Pfanne geben und auf mittlerer Hitze 5 Minuten bei geschlossenem Deckel garen. Deckel abnehmen, Hitze erhöhen, dann ⅔ der Butter hinzufügen und den Rosenkohl weitere 2 Minuten anbraten.
4. Speck und Kastanien dazugeben, mit Salz und Pfeffer würzen, dann mit der restlichen Butter obendrauf servieren.

Cheese Fries

Heutzutage gibt es in England auf den Weihnachtsmärkten auch einige Stände, die »Fries« in verschiedenen Variationen anbieten. Ein richtiges Wohlfühlessen.

FÜR 4 PORTIONEN

- 150 g Speckwürfel
- ½ Bund Schnittlauch
- ½ Bund Petersilie
- 900 g gefrorene Pommes frites
- 200 g geriebener Cheddarkäse
- 100 g geriebener Mozzarellakäse
- Käsesoße (siehe folgendes Rezept)

1. Speck in einer beschichteten Pfanne ohne Fettzugabe kross braten.
2. Schnittlauch in feine Röllchen schneiden, Petersilie fein hacken.
3. Die Pommes frites gemäß den Anweisungen auf der Verpackung auf einem Backblech im Ofen zubereiten. Backblech aus dem Ofen nehmen und Ofentemperatur auf etwa 200 °C einstellen. Geriebenen Käse über die Pommes streuen und die Pommes zurück in den Ofen geben. Etwa 5 Minuten backen oder, bis der Käse geschmolzen ist.
4. Pommes mit Käsesoße übergießen und mit Speck, Schnittlauch und Petersilie toppen.

Hausgemachte Käsesoße

FÜR 4 PORTIONEN

- 170 g geriebener Cheddarkäse
- 2 TL Speisestärke
- 180 ml Milch

1. Cheddarkäse in eine Schüssel geben und mit der Stärke vermengen.
2. Milch in einen Topf geben und erwärmen, Käsemischung unterrühren und bei niedriger Hitze schmelzen. Gelegentlichen umrühren, köcheln lassen, bis die Soße glatt und dickflüssig ist.

Das Wunder von Manhattan

(1994, Original 1947)

Dieser Film, ob in seiner ursprünglichen Fassung von 1947 oder in der liebevollen Neuverfilmung von 1994, hat die einzigartige Fähigkeit, uns an das zu erinnern, was im Leben wirklich zählt: Glaube, Hoffnung und die Kraft der Liebe. Die Geschichte entführt uns in das geschäftige New York zur Weihnachtszeit und erzählt von einem Mann, der behauptet, der echte Weihnachtsmann zu sein. Doch es ist nicht nur seine Überzeugung, die uns fesselt – es ist die Reise, auf die er ein kleines Mädchen und seine Mutter mitnimmt, eine Reise, die zeigt, dass Wunder wirklich geschehen können, wenn wir nur bereit sind, daran zu glauben. Ein Film voller heißer Schokolade und festlicher Truthahn-Sandwiches mit traditionellen weihnachtlichen Aromen, die perfekt zur festlichen Stimmung von *Das Wunder von Manhattan* passen und die Magie der Weihnachtszeit in euer Zuhause bringen.

New York Hot Chocolate

FÜR 4 PORTIONEN

- 750 ml Vollmilch
- 35 g Kakaopulver
- 125 g gehackte Zartbitterschokolade
- 3 EL Zucker
- 1 Prise Meersalz
- 1 TL Vanilleextrakt
- 200 ml Sahne
- 2 EL Puderzucker

1. Milch in einen Topf geben und bei mittlerer Hitze das Kakaopulver unter ständigem Rühren einrühren. Hitze etwas hochdrehen.
2. Wenn die Milch anfängt zu köcheln, Zucker und eine winzige Prise Salz einrühren.
3. Hitze runterdrehen und Schokolade und Vanilleextrakt einrühren, bis die Schokolade geschmolzen ist.
4. Sahne mit 2 EL Puderzucker halbsteif schlagen und auf den Kakao geben.

Amerikanische Truthahn-Sandwiches

In Amerika sind die Truthahn-Sandwiches in der Vorweihnachtszeit richtig beliebt, da meist die Reste des Truthahns und der Cranberry-Soße von Thanksgiving verwendet werden. Hier eine Version, die auch ohne »Leftovers« richtig gut schmeckt.

FÜR 4 PORTIONEN

- 500 g Putenbrustfilet
- 1 Knoblauchzehe
- 3 EL Olivenöl
- Pfeffer
- Salz
- 8 Scheiben Brot
- 8 Scheiben Cheddarkäse
- 120 ml Cranberry-Soße (siehe nächste Seite)
- 120 g gesalzene Butter, Zimmertemperatur

1. Backofen auf 180 °C Ober-/Unterhitze vorheizen.
2. Knoblauch auspressen und mit Olivenöl, Pfeffer und Salz vermengen. Putenbrust damit einreiben. Putenbrust im Ofen 35 Minuten garen, herausnehmen, kurz ruhen lassen und in Scheiben schneiden.
3. Jeweils eine Scheibe Käse auf eine Brotscheibe legen. 2 EL Cranberry-Soße auf den Käse geben, dann ein paar Putenbrustscheiben darauf verteilen. Eine weitere Scheibe Käse und dann eine zweite Scheibe Brot darauflegen.
4. Die Außenseite der oberen Brotscheibe mit ½ EL Butter bestreichen und das Sandwich mit der Butterseite nach unten in eine große, antihaftbeschichtete Pfanne geben. Bei mittlerer-niedriger Hitze braten, bis das Brot goldbraun ist und der Käse schmilzt. Währenddessen die zweite Seite des Sandwichs ebenfalls mit Butter bestreichen. Sandwich wenden, um die andere Seite ebenfalls zu bräunen.
5. Mit den restlichen Zutaten die weiteren Sandwiches machen.

Cranberry-Soße

FÜR CA. 250 ML SOSSE

- 100 g Zucker
- 125 ml Wasser
- 200 g frische oder gefrorene Cranberrys
- je 1 Prise Zimt, Muskat und Piment
- optional Pekannüsse, Bio-Orangenschale, Rosinen

1. Zucker und Wasser in einem mittelgroßen Topf zum Kochen bringen, sodass sich der Zucker vollständig auflöst.
2. Cranberrys hinzufügen und nochmals zum Kochen bringen, dann Hitze reduzieren und 10 Minuten köcheln, bis die meisten Beeren geplatzt sind.
3. Gewürze und nach Belieben gehackte Nüsse, Orangenschale und/oder Rosinen zugeben.
4. Vom Herd nehmen, abkühlen lassen. Die Soße dickt beim Abkühlen nach.
5. Bis zur Verwendung im Kühlschrank aufbewahren.

TIPP

Cranberry-Soße ist ein vielseitiges Beilagenwunder, das weit über das traditionelle Thanksgiving-Dinner hinausgeht. Hier sind einige Ideen, wie du Cranberry-Soße genießen kannst:

- Neben Truthahn passt Cranberry-Soße auch hervorragend zu Hühnchen, Ente oder Gans.
- Eine Schicht Cranberry-Soße verleiht Sandwiches mit Truthahn, Hühnchen oder sogar vegetarischen Optionen eine fruchtige Note.
- Gemischt mit Öl, Essig und Gewürzen kann Cranberry-Soße ein interessantes Salatdressing ergeben.
- Für ein schnelles Frühstück oder einen gesunden Snack Cranberry-Soße mit Joghurt oder Quark mischen.
- Besonders zu reifem Käse wie Brie oder Camembert ist Cranberry-Soße eine köstliche Ergänzung.
- Über Käsekuchen, Vanilleeis oder in Blätterteigtaschen geben.

Ein Löffel Cranberry-Soße kann dem morgendlichen Smoothie eine interessante Geschmacksnote verleihen.

Familie Heinz Becker:
Alle Jahre wieder (1994)

Familie Heinz Becker bringt eine wunderbar deutsche Perspektive in die Welt der Weihnachtsfilme. Die humorvolle, aber auch nachdenklich stimmende Darstellung der Weihnachtsvorbereitungen in der Familie Becker ist so authentisch, dass sie mir jedes Mal aufs Neue aus der Seele spricht. Die kleinen Missgeschicke und familiären Spannungen, die letztlich immer in Herzlichkeit münden, spiegeln das wahre Weihnachtserlebnis vieler Familien wider.

Saarländischer Kartoffelsalat

FÜR 4 PORTIONEN

- 150 g Schinkenspeck
- 2 Zwiebeln
- 1 ½ kg Kartoffeln (festkochend)
- 2 EL Sonnenblumenöl
- 125 g Gemüsebrühe (kräftig)
- 2 EL Essigessenz
- 2 TL Senf
- 2 EL Petersilie, frisch gehackt
- 2 EL Schnittlauch, frisch gehackt
- Pfeffer
- Salz

1. Schinkenspeck würfeln. Zwiebeln häuten und fein hacken.
2. Kartoffeln in Salzwasser gar kochen, abgießen, abschrecken, leicht abkühlen lassen, dann häuten.
3. In der Zwischenzeit Öl in einer Pfanne erhitzen, Schinkenspeck knusprig braten, Zwiebeln zugeben und andünsten. Mit Brühe ablöschen. Vom Herd nehmen und Senf, Pfeffer, Essig und Salz unterrühren.
4. Kartoffeln in dünne Scheiben schneiden und mit der warmen Marinade übergießen und vermengen. Noch warm mit den Kräutern bestreut servieren.
5. Dazu werden traditionell warme Wiener Würstchen serviert.

Zimtwaffeln von Hildes Mutter

FÜR CA. 100 STÜCK

250 g Butter

250 g Zucker

6 Eier

40 g Ceylon-Zimt

400 g Mehl

1. Butter und Zucker mit dem Handrührgerät 5 Minuten cremig rühren.
2. Eier nach und nach unterrühren.
3. Zimt und Mehl miteinander vermengen und löffelweise unter die Masse geben.
4. Den fertigen Teig über Nacht in den Kühlschrank stellen.
5. Teig in kleine Kugeln (8–10 g) formen.
6. Die Waffeln nach der Anleitung des Waffeleisens backen, in der Regel dauert es etwa 2–4 Minuten, bis die Waffeln goldbraun und knusprig sind. Während des Backens nicht zu oft öffnen, um gleichmäßige Backergebnisse zu gewährleisten.
7. Sobald die Waffeln fertig sind, das Waffeleisen öffnen und die Zimtwaffeln vorsichtig mit einem Holz- oder Kunststoffspatel entnehmen, um die Antihaftbeschichtung des Eisens nicht zu beschädigen.

Weihnachtsfilm
MAL ANDERS

Gremlins – Kleine Monster
(1984)

Gremlins ist eine dieser unerwarteten Weihnachtsgeschichten, die Horror und Komödie auf brillante Weise verbinden. Das Chaos, das entsteht, als die Pflegeregeln für Gizmo gebrochen werden, sorgt nicht nur für Spannung und Lacher, sondern auch für eine ungewöhnliche Weihnachtsstimmung. Dieser Film erinnert mich daran, dass das Fest nicht immer perfekt sein muss, um unvergesslich zu sein.

Und immer dran denken:
Gremlins dürfen nicht dem Sonnenlicht ausgesetzt werden.
Sie dürfen nicht nass werden.
Sie dürfen nach Mitternacht nicht fressen.

Gremlins Fried Chicken

Wir alle wissen, was passiert, wenn die Gremlins Fried Chicken serviert bekommen …

FÜR 6 STÜCK

- 6 Hähnchenschenkel

MARINADE

- 2 TL Salz
- 1 TL schwarzer Pfeffer
- 1 TL Oregano
- 1 TL Paprikapulver
- 1 TL weißer Pfeffer
- 1 TL Knoblauchpulver
- 500 ml Buttermilch

PANADE

- 250 g Mehl
- 1 TL Salz
- 1 TL schwarzer Pfeffer
- 1 TL Paprikapulver
- 1 TL Knoblauchpulver
- 1 TL Cayennepfeffer

AUSSERDEM

- 1 l Öl zum Frittieren

1. Hähnchenkeulen mit Salz, schwarzem Pfeffer, Oregano, Paprikapulver, weißem Pfeffer, Knoblauchpulver und Buttermilch in eine große Schüssel geben. Umrühren, sodass jedes Stück gleichmäßig mit der Marinade bedeckt ist, dann mit Plastikfolie abdecken und etwa 1 Stunde im Kühlschrank marinieren.

2. In einer separaten großen Schüssel für die Panade Mehl mit den Gewürzen vermengen.

3. Eine große, tiefen Bratpfanne zur Hälfte mit Öl füllen und auf hoher Stufe erhitzen, bis das Öl eine Temperatur von 180 °C erreicht.

4. Die Hähnchenteile aus der Marinade nehmen und in der Panade wenden, bis sie vollständig bedeckt sind, überschüssige Panade abklopfen.

5. Jeweils drei Hähnchenkeulen in das heiße Öl geben und für 15–20 Minuten frittieren, bis die Panade dunkelgoldbraun ist. Dabei mehrmals wenden. Die Temperatur des Öls sollte während des Frittierens ca. 160 °C betragen.

6. Hähnchenteile auf Küchenpapier oder einem Gitter abtropfen und vor dem Servieren 10–15 Minuten abkühlen lassen.

The Nightmare Before Christmas
(1993)

Tim Burtons *The Nightmare Before Christmas* ist ein animiertes, visuelles und musikalisches Meisterwerk, das die Grenzen zwischen Halloween und Weihnachten aufhebt. Jack Skellingtons Sehnsucht nach etwas Neuem und seine Versuche, Weihnachten auf seine Weise zu feiern, berühren mich jedes Mal aufs Neue. Dieser Film erinnert mich daran, dass die Feiertage das sind, was wir daraus machen, und dass es okay ist, anders zu sein.

Spiral Hill Pinwheels

Spiral Hill ist ein ikonisches Wahrzeichen, das in das Universum von *The Nightmare Before Christmas* eingebettet ist. Es befindet sich auf dem Friedhof von Halloween Town und führt ins Hinterland. Die Form des Spiral Hill ähnelt einer kleinen ansteigenden Landzunge, die sich an der Spitze nach innen zu einer Spirale krümmt. Wenn jemand den Zugang zum Hinterland sucht, entfaltet sich der Hügel und dient dann als Brücke zu diesem Gebiet, was die Überquerung des Kürbisfeldes erleichtert. Inspiriert von der einzigartigen Form und der magischen Atmosphäre von Spiral Hill, sind die Spiral Hill Pinwheels eine köstliche und optisch ansprechende Nachbildung dieses berühmten Hügels. Diese leckeren Blätterteig-Schnecken sind einfach zuzubereiten und ein echter Hingucker auf jedem Halloween- oder Weihnachtsbuffet.

FÜR CA. 24 STÜCK

- 1 rote Paprika
- 1 Staudensellerie
- 1 Zwiebel
- 50 g Oliven, entsteint
- 50 g getrocknete Cranberrys
- 500 g Frischkäse
- 4 Spinat-Tortillas, ca. 25 cm Durchmesser
- je ½ TL getrocknete Petersilie, Schnittlauch, Dill, Knoblauchpulver, Zwiebelpulver
- 1 TL Salz
- ½ TL gemahlener schwarzer Pfeffer

1. Paprika, Staudensellerie, Zwiebel und Oliven fein hacken und zusammen mit den Cranberrys verrühren.

2. Frischkäse auf die Tortillas streichen. Paprikamix und Gewürze darauf verteilen. Tortillas fest aufrollen und in Plastikfolie einwickeln.

3. Mindestens 2 Stunden kühlen.

4. Jede Rolle in 6 Scheiben schneiden.

TIPP

- Rühre deinen geraspelten Lieblingskäse unter den Frischkäse.
- Belege die Tortillas mit Schinkenscheiben oder Salami.

Die Weihnachts-Pinwheels können statt Tortillas auch auf Blätterteig zubereitet werden. Diesen dann nach dem Aufrollen im Ofen bei 190 °C Ober-/Unterhitze für 10–12 Minuten backen.

Die Hard/Stirb langsam
(1988)

Für mich ist *Die Hard* definitiv ein Weihnachtsfilm, allerdings einer, der das Genre auf den Kopf stellt. Die Mischung aus Action und dem unerwarteten Weihnachtssetting in einem Hochhaus in Los Angeles macht den Film zu einem meiner unkonventionellen Festtagsfavoriten. John McClanes Kampf gegen die Terroristen ist spannend, emotional und wird durch die weihnachtliche Kulisse noch unvergesslicher.

Twinkies

Als Sergeant Al Powell Unmengen an Twinkies kauft, behauptet er scherzhaft, die seien nur für seine schwangere Frau. In Wirklichkeit hat Powell eine Vorliebe für diesen ikonischen süßen amerikanischen Snackkuchen.

FÜR 12 STÜCK

TEIG

- 3 Eier
- 160 g Zucker
- 1 TL Vanilleextrakt
- 120 g Mehl
- 1 Msp. Salz
- 1 TL Backpulver
- 60 ml Wasser

FÜLLUNG

- 200 g Marshmallow-Creme (Marshmallow Fluff)
- 1 TL Vanilleextrakt
- 100 g Butter, Zimmertemperatur
- 1 Pck. Vanillezucker
- 50 g Puderzucker

1. Backform einfetten und Ofen auf 190 °C Ober-/Unterhitze vorheizen.
2. Für den Teig Eier, Zucker und Vanilleextrakt 5 Minuten schaumig aufschlagen. Mehl, Salz und Backpulver dazusieben, gefolgt von 60 ml Wasser. Zutaten kurz und vorsichtig unter die Eiermasse heben.
3. Teig in die Förmchen füllen und 13–15 Minuten goldbraun backen und in der Form vollständig abkühlen lassen.
4. Für die Füllung Marshmallow-Creme, Vanilleextrakt, Butter, Vanillezucker und Puderzucker 3 Minuten luftig aufschlagen.
5. Twinkies aus der Form lösen und die Unterseite dreimal mit einem Zahnstocher einstechen.
6. Marshmallow-Mischung in einen Spritzbeutel mit feiner Fülltülle geben und die Creme in die vorgestochenen Löcher der Twinkies spritzen.

TIPP

Es gibt Twinkies-Backformen aus Silikon, man kann aber auch Eclair-Formen nehmen oder eine Form aus mehreren Lagen Alufolie selbst basteln.

Harry Potter
(2001–2011)

Die *Harry-Potter*-Filmreihe ist für viele von uns untrennbar mit der Weihnachtszeit verbunden. Die magischen Winter in Hogwarts, die festlichen Bankette in der Großen Halle und die warmen Momente des Beisammenseins fangen die Essenz dessen ein, was viele an Weihnachten lieben: ein Gefühl des Wunderbaren, der Gemeinschaft und der Hoffnung. Das Festmahl zu Weihnachten wird von den Hauselfen in den Küchen zubereitet und besteht aus gebratenen Truthähnen mit Preiselbeersoße, gerösteten und gekochten Kartoffeln, Platten voller dicker Chipolatas und gebutterten Erbsen.

Zum Dessert werden Weihnachtspuddings serviert, in denen silberne Sickel versteckt sind, und kleine Weihnachtskuchen.

Hogwarts-Weihnachtskuchen

FÜR 1 KASTENFORM 26 CM ODER 6 KLEINE FORMEN

- 200 g getrocknete Aprikosen
- 200 g getrocknete Pflaumen
- 200 g Zitronat
- 200 g Orangeat
- 200 g kandierte Kirschen
- 150 g Rosinen
- 100 g Cranberrys
- 200 ml Orangensaft
- 150 ml Sherry
- 50 ml Brandy
- 3 EL geriebene Bio-Orangenschale
- 2 EL geriebene Bio-Zitronenschale
- 1 TL gemahlene Nelke
- 2 TL Zimt
- 1 TL gemahlener Ingwer
- ½ TL Piment
- ½ TL gemahlene Muskatnuss
- 1 TL gemahlene Vanilleschote
- 250 g Butter
- 5 EL Zucker
- 4 Eier
- 150 g Mandeln
- 100 g Haselnüsse
- 100 g Walnusskerne
- 3 EL Melasse
- 200 g Mehl
- ½ TL Backpulver
- 5 g Natron

AUSSERDEM

- 200 ml Brandy
- 100 g Aprikosenmarmelade
- 150 g Mandeln, geschält
- 100 g Belegkirschen (Cocktailkirschen)

1. Aprikosen und Pflaumen klein würfeln und zusammen mit Zitronat, Orangeat, kandierten Kirschen, Rosinen, Cranberrys, Orangensaft und Sherry in einen Topf geben und einmal aufkochen lassen. 50 ml Brandy unterrühren und über Nacht an einem kühlen Ort durchziehen lassen.
2. Am nächsten Tag Orangenschale, Zitronenschale, Nelke, Zimt, Ingwer, Piment, Muskatnuss und Vanille unterrühren.
3. Butter leicht erwärmen und unter die Fruchtmasse rühren. Zucker unterrühren.
4. Eier verquirlen und Mandeln, Haselnüsse und Walnusskerne hacken, dann alles unter die Masse heben. Melasse unterheben.
5. Mehl mit dem Backpulver und dem Natron mischen und unterheben.
6. Backofen auf 170 °C Ober-/Unterhitze vorheizen. Die Backform(en) mit Backpapier auslegen und den Teig einfüllen.
7. Kuchen im Ofen 70–80 Minuten backen, nach 50 Minuten mit Backpapier abdecken.
8. In der Kuchenform vollständig eine Nacht auskühlen lassen.
9. Am nächsten Tag Kuchen aus der Form nehmen und mit Brandy gut einpinseln. Dies 6 Tage lang wiederholen. Kuchen immer wieder in Frischhaltefolie wickeln.
10. Vor dem Servieren die Aprikosenmarmelade erwärmen und die Oberfläche des Kuchens dünn mit der flüssigen Marmelade bestreichen. Mit Mandeln und Belegkirschen verzieren.

Rezeptregister

J

K

L

M

N

O

P

Bibliografische Information der Deutschen Nationalbibliothek
Die Deutsche Nationalbibliothek verzeichnet diese Publikation in der Deutschen Nationalbibliografie. Detaillierte bibliografische Daten sind im Internet über https://dnb.de abrufbar.

Für Fragen und Anregungen
info@m-vg.de

Wichtiger Hinweis
Ausschließlich zum Zweck der besseren Lesbarkeit wurde auf eine genderspezifische Schreibweise sowie eine Mehrfachbezeichnung verzichtet. Alle personenbezogenen Bezeichnungen sind somit geschlechtsneutral zu verstehen.

Originalausgabe
1. Auflage 2024

Türkenstraße 89
80799 München
Tel.: 089 651285-0

Redaktion: Stephanie Kaiser-Dauer
Umschlaggestaltung: Manuela Amode
Umschlagabbildung und Abbildungen im Innenteil: Patrick Rosenthal
Illustrationen Umschlag und Innenteil: stock.adobe.com: ElenaMedvedeva, Yuriy, comicsans, Vector Tradition, My Ho, OJardin/Shutterstock.com
Layout: Isabella Dorsch
Satz: Bernadett Linseisen (schere.style.papier), München
Druck: Firmengruppe APPL, aprinta Druck, Wemding
Printed in Germany

ISBN Print 978-3-7423-2744-4
ISBN E-Book (PDF) 978-3-7453-2509-6
ISBN E-Book (EPUB, Mobi)978-3-7453-2510-2

Wir produzieren nachhaltig
www.m-vg.de

Weitere Informationen zum Verlag finden Sie unter
www.rivaverlag.de
Beachten Sie auch unsere weiteren Verlage unter www.m-vg.de